养老服务理论与实务丛书

主　编　张　瑾　冯建光

副主编　徐宏卓

U0965801

# 养老机构老年人个案照护计划指导手册

王　燕　编著

華東理工大學出版社
EAST CHINA UNIVERSITY OF SCIENCE AND TECHNOLOGY PRESS
·上海·

**图书在版编目(CIP)数据**

养老机构老年人个案照护计划指导手册 / 王燕编著. —上海：华东理工大学出版社，2022.10
(养老服务理论与实务丛书 / 张瑾，冯建光主编)
ISBN 978-7-5628-6735-7

Ⅰ.①养… Ⅱ.①王… Ⅲ.①老年人-护理-手册
Ⅳ.①C913.6-62

中国版本图书馆 CIP 数据核字(2022)第 166099 号

策划编辑 / 刘　军
责任编辑 / 孟媛利
责任校对 / 秦静良
装帧设计 / 徐　蓉
出版发行 / 华东理工大学出版社有限公司
地址：上海市梅陇路 130 号，200237
电话：021-64250306
网址：www.ecustpress.cn
邮箱：zongbianban@ecustpress.cn
印　　刷 / 江苏凤凰数码印务有限公司
开　　本 / 710 mm×1000 mm　1/16
印　　张 / 10
字　　数 / 128 千字
版　　次 / 2022 年 10 月第 1 版
印　　次 / 2022 年 10 月第 1 次
定　　价 / 50.00 元

# 丛书总序

深度老龄化是当前上海城市发展面临的紧迫性社会问题。上海市委和市政府对此高度重视，出台了一系列政策，推动养老服务业提质增效、快速发展。教育领域也积极行动，通过加强专业化的养老服务人才培养，为上海养老服务事业提供强有力的人才保障。在《国务院办公厅关于推进养老服务发展的意见》(国办发〔2019〕5 号)、《上海市深化养老服务实施方案(2019—2022 年)》(沪府规〔2019〕26 号)出台的背景下，上海市教委随即制定了《上海高校养老服务类专业建设三年行动计划》(沪教委高〔2019〕5 号)，明确以人才培养为根本，以提高质量为核心，支持相关高校建设一批养老服务类专业，通过打造课程、培养师资，切实推动养老服务人才培养。

上海开放大学主动适应区域经济社会发展需要，2018 年在上海市民政局的支持下，开设了老年服务与管理专业。通过探索政校合作、立足行业需求、创新培养模式，初步实现了留住行业从业主力的培养效果。2020 年 1 月，上海开放大学首届老年服务与管理专业学生毕业，共有 269 名学生获得了专科学历，60%以上的学生是一线护理员，他们在提升学历后重新返回养老服务岗位。他们中的很多人成了养老机构的中坚力量，为长三角区域增添了养老、助老的生机与活力。

在人才培养的同时，我们也深感教材的匮乏。老年服务与管理专业对于高等教育而言是一个新兴的专业，是融护理学、医学、营养学、社会学、管理学等学科为一体的应用型专业。过去，高校对于老年服务与管理专业的研究是不够的，教材的编写也主要脱胎于相近专业和学科，较难满足养老服务人员对真实工作场景所需知识、能力的学习要求。因此，我们希望能够开发出与工作岗位联系密切的教材，真正做到“所学即所用”，使学校课堂和工作岗位无缝衔接。基于上述初衷，上海开放大学在上海养老智库的支持下，组织编写“养老服务理论与实务丛书”。本丛书一套八本，包括养老机构员工能力方面三本，即《养老机构员工手册》《养老机构社会工作服务手册》《养老机构实用菜谱》，养老服务机构服务过程方面五本，即《养老机构老人入住流程》《养老机构失智症老人日常照护》《养老机构应急处理流程手册》《养老机构护理服务实用手册》《养老机构老年人个案照护计划指导手册》。

“养老服务理论与实务丛书”能够发挥什么作用呢？也就是丛书的定位是什么呢？我们认为主要有三个方面：第一是学历教育的参考用书。上海开放大学是上海较早开办养老服务学历教育的高校，目前也正在成体系建设养老学历教育的教材，但学历教育仅有教材是不够的，应该配套建设一些教学参考书，拓宽学生的视野和知识面，本丛书就能很好地发挥这样的作用。第二是养老机构的管理指导用书。养老机构的具体业务应该如何开展，如何个性化服务老年人，如何提高养老机构的规范化、专业化水平，这套书对以上这些问题做了比较实用和详尽的阐述。同时，这套书的编写过程凝聚了大量养老服务优秀管理者的实务经验，以及养老机构长期以来的工作总结提炼，这些内容将能够为养老机构管理人员提供比较好的指导。第三是养老职业培训机构的教材。丛书中的任何一本书都集聚了养老行业相关领域专业、实用的知识和技能，可以提高培训机构的培训质量。尤其是对那些刚刚进入养老行业的从业者来说，一开始就使用权威、正规的培训教材，对于其专业认知的提高和职业能力的提升是非常有帮助的。

当然，从时代发展的角度来看，这套丛书还有很多不完善的地方，我们并不认为这八本书就已经涵盖了养老机构服务与管理的方方面面，甚至可以说只是养老机构服务众多领域中的一部分。这些领域的选择一定程度上还受到作者专业的限制，在完整性上可能还存在一定瑕疵。但这些都不重要，关键在于“做”。面对日益老龄化的社会、日益增长的需求、不断提高的服务品质要求，目前无论是养老学历教育还是非学历培训，专业的学习资源都是非常欠缺的。在这样的背景下，我们勇敢地迈出第一步，努力地为这个行业创造一些价值、积累一些成果，也是对这个行业的推动和贡献。尽管还存在一些不完善，但这种“不完善”依然是充满魅力的。我们希望本丛书能为我国养老行业、养老专业的发展尽一点绵薄之力。

最后，在此丛书付印出版之际，我们作为编者依然会感到内心惶恐。相对于其他成熟学科而言，养老服务与管理专业依然属于一个新兴专业。研究人员少，研究成果缺，但与之对应的却是不断提高的老龄化水平和人民对于高质量养老服务的期待。希望广大读者能够不吝赐教，提出宝贵的意见和建议，希冀未来再版时一并修正。

丛书主编、上海开放大学副校长　张　瑾

# 前　言

作为机构养老的实体组织——养老机构，其主要职责是代替家庭，为老年人提供舒适的照护、医疗、康复和娱乐服务，而开展服务的基础是拥有合理的个案照护计划。

然而实际情况是，部分养老机构由于缺乏老年人个案照护计划的设计经验，造成了养老机构服务实施混乱、无法管理，不仅损害了机构和老年人的利益，同时也对整个养老行业产生了不良影响。

为了给养老机构提供个案照护计划方案设计和实施的可行方法，笔者特意编写本书，以方便养老机构开展工作和服务交流。

本书共分五章内容。第一章主要介绍养老机构个案照护的相关概念，制定个案照护计划的目的、要素以及个案照护的整套工作步骤等内容；第二章是个案照护计划的制定，主要包括对新入住及院内老年人进行初步评估等方面的内容，涉及入住评估、老年人入院适应期照护服务及服务需求评估三部分内容；第三章是对个案照护计划的实施进行介绍，包括计划实施的要求与原则、计划实施人员的资质要求、实施的内容、计划实施过程中老年人发生安全事故的应急处理等；第四章的内容包括对整个个案照护计划的评价与调整；第五章以一个具体的个案为例，以个案照护的流程为脉络，结合个案老年人（李大爷）的具体情况制定个案照护计划。

由于时间紧迫和编者水平有限，书中难免存在不足之处，还望批评指正！

# 目　录

# 第一章

# 绪　论

本章主要是对与养老机构老年人个案照护相关的内容进行初步介绍，包括对有关概念的界定、制定个案照护计划的目的、制定个案照护计划的要素及个案照护的整体工作步骤等内容。通过对相关知识的介绍，可以帮助养老机构工作人员更好地为老年人提供个案照护服务。

# 第一节 个案照护及个案照护计划

## 一、个案照护

个案照护，又称个案管理。目前我国尚未形成对个案照护的明确界定，因此本书将借鉴国外关于个案照护的定义。国外关于个案照护的定义主要是针对护理个案管理进行的，相关定义也多是对个案管理的界定。个案管理的概念最早于 1970 年由美国保险公司提出，后经不断完善，现个案管理是一个集评估、计划、执行、协调、监督和评价五个步骤为一体的照护系统，其以个案为中心，多学科参与，互相沟通交流、协调合作，选择可用的资源，为个案提供综合性、持续性、协调性的健康照护服务，以满足个案全面的身心需求。①

结合国外对护理个案管理的界定，并根据养老机构的实际工作，本书对个案照护做出以下定义：个案照护是管理性照护的一种方法，是一个集健康评估、计划制定、照护实施、协调与监测及计划调整等于一体，以个案为中心，经由个案管理师协调与整合各专业人员的意见，为入住老年人提供个性化的照护服务的照护系统。

## 二、个案照护计划

个案照护计划，是指在养老机构为老年人提供服务的过程中，以一套系统的方法，在充分评估、识别老年人在不同方面的需求后，制定相关的服务目标及程序，以满足老年人的需要，并定期评价计划的成效。

个案照护计划的制定、实施、监督、评价和调整都需要个案管理师的

① CMSA. Standards of practice for case management[R]. Little Rock: Arkansas, 1995: 1－10.

协调。在国内，个案管理师可以由专人独立担任，也可以由机构医师、护士、社会工作者、高年资护理员等具备养老服务管理经验的人员担任，具体角色的分配需结合养老机构的实际情况来安排。

## 三、制定个案照护计划的目的

制定个案照护计划的目的，是按照新入住的老年人和院内已入住的老年人的需求，为其提供入住适应计划、生活照护服务计划等，为照护的实施提供依据，以尽快帮助老年人更好地适应院内生活，并享受院内的养老服务。

## 四、制定个案照护计划的要素

个案照护计划可为院内个案老年人的照护服务提供依据。因此，就服务来说，在制定个案照护计划时首先要明确两大要素，即照护服务的提供主体和照护服务所涉及的内容。接下来，我们将对照护服务的提供主体、照护服务的内容做具体的介绍。

### （一）照护服务的提供主体

养老机构个案照护是一个共同参与的过程，以入住老年人的健康和生活需求为主，为其制定和提供便捷的服务，降低老年人医疗成本支出，提高老年人日常生活照料质量。养老机构个案照护人员多为专业人员，包括医师、护士、护理员、心理咨询师、康复治疗师、营养师、社会工作者、个案管理师等。

#### 1. 医师

养老机构的医师是指具备医药卫生知识，具有医师执业资格，在养老机构从事医疗诊疗和预防保健的专业人员。在养老机构中，医师主要针对院内入住老年人进行日常的身体健康检查、慢性病的管理、突发疾病的急救、突发公共卫生事件的处理等方面的工作。

2. 护士

养老机构的护士是指具备护理知识，具有护士执业资格，在养老机构从事护理工作的专业人员。护士主要负责对院内老年人开展医疗护理服务和健康教育、医疗器械的消毒、护理员的指导等方面的工作。

3. 护理员

养老机构的护理员在老年人个案照护中扮演着多重角色，他们既是老年人日常生活的照料者，也是给予老年人心理慰藉的支持者，更是服务的参与者和协调者。在老年人日常生活照料中，护理员有时也会从事医疗护理方面的工作，如帮助老年人用药、做好老年人压疮预防等工作。

4. 心理咨询师

针对养老机构入住老年人出现的心理问题和情绪困扰等问题，心理咨询师可对老年人进行心理咨询和情绪疏导，帮助老年人保持良好的心理状态。目前，我国大多数养老机构很少拥有专职的心理咨询师，心理咨询服务的开展或以签约服务的形式提供，或由院内非专业人员兼职提供。

5. 康复治疗师

养老机构的康复治疗师的主要工作内容是在医师的指导下，为老年人进行各项康复治疗、评估工作，有时还需指导护理人员对老年人进行康复训练。

6. 营养师

养老机构的营养师主要负责对院内老年人尤其是患病老年人的饮食进行膳食搭配，结合老年人的身体健康状况，从营养学的角度为老年人制订每周菜谱，并做好与医护人员及食堂人员的协调、配合工作。

7. 社会工作者

社会工作者作为专业助人的工作人员，在养老机构中不仅需要协助和组织老年人开展院内康乐活动，还需要协调各种资源，帮助老年人解决其面临的多重问题，从而帮助老年人更好地适应院内生活，保证老年人享受幸福的晚年生活。

8. 个案管理师

个案管理师是指接受过个案管理训练的人员，负责与医师、护士、护理员及老年人等沟通协调，对个案照护计划的制定、实施、评价、调整的整个过程进行管理，以保证服务能够满足老年人的多元需求。

（二）照护服务的内容

养老机构个案照护主要是针对院内患有疾病的老年人提供全面、科学、合理的服务，其服务的内容主要涉及老年人日常生活照护服务、老年护理服务、心理和精神支持服务、医疗保健服务、康复康乐服务、营养膳食服务、临终关怀服务等。

1. 老年人日常生活照护服务

老年人日常生活照护服务，主要是养老机构向入住老年人提供饮食、起居、清洁、卫生照护的过程。

2. 老年护理服务

老年护理服务，主要是通过护理干预，向老年人提供连续、综合的健康及医疗护理的过程。

3. 心理和精神支持服务

心理和精神支持服务，主要是通过语言、文字等媒介，使老年人的认识、情感和态度有所变化，增强老年人的适应性，保持和增进院内老年人身心健康的过程。

4. 医疗保健服务

医疗保健服务，是指养老机构向老年人提供预防、医疗、保健等方面综合性卫生服务的过程。它是养老机构提供院内个案照护服务不可缺少的重要部分。

5. 康复康乐服务

康复康乐服务，是康复服务和康乐服务的总称。

康复服务，是养老机构针对患有疾病的老年人，在接受医疗救治后，针对其疾病情况和身体健康状况，制定适应老年人身体恢复和疾病改善的康复计划，并指导老年人通过使用康复器材进行康复训练的过程。

康乐服务，又被称为休闲健康文化娱乐活动。康乐服务是通过开展涉及文化性、休闲性、娱乐性和健康性的各种活动，并积极鼓励院内老年人参与，以促进老年人身心健康的过程。

6. 营养膳食服务

营养膳食服务是养老机构相关人员根据营养学、卫生学要求，向老年人提供均衡饮食的过程。

7. 临终关怀服务

临终关怀服务，是提高临终老年人的生命质量，最大限度地减少临终老年人的痛苦，使老年人有尊严并且舒适地走完人生的路程以及对老年人的家属进行心理、精神、社会等方面支持的过程。

## 第二节 个案照护的步骤和流程图

### 一、个案照护的步骤

老年人个案照护计划的制定与实施是一个多方共同参与的过程，通过多位专业人员的协调与合作，根据老年人的个体需求，共同为老年人提供便捷的养老服务、高质量的医疗和护理服务以及舒心愉快的养老生活环境。个案照护的具体落实主要包括以下五个部分。

（一）评估

养老机构制定个案照护计划的第一步是收集和整合入住老年人的各

种资料及信息，包括入院前的评估资料（如老年人的生理状况、心理状况、社交状况、家庭关系、生活方式、宗教信仰、经济来源等）、入院后的资料等。个案管理师需组织相关人员通过资料收集和整理发现老年人的各种情况，并作为制定照护计划的依据，以确保照护计划切实科学。在评估阶段，个案管理师要与各方面人员密切配合，如医师、护士、社会工作者、康复治疗师、营养师等。

（二）制定整体计划

制定个案照护计划应以事实为依据，根据评估结果及老年人实际和预期的目标进行综合分析，并将医疗法律、法规等原则贯穿始终。为保证个案照护计划的全面科学，制订过程必须有老年人、委托人、家属的共同参与，还要有多专业人员如社会工作者、康复治疗师、医护人员等的合作。

（三）计划实施

这一环节主要涉及照护计划的实际操作过程，包括履行照护计划、将各项照护活动授权于他人，以及促进和协调照护计划各个方面的实施。

（四）服务评价

本阶段的工作主要是根据照护计划对各专业人员向个案老年人提供的服务进行形成性评价和总结性评价。

（五）计划的调整

针对个案老年人可能突发的各种意外状况以及照护计划的不完整或者错误等情况，个案管理师需组织相关人员根据实际情况，及时对照护计划进行调整，以保证个案照护计划能够满足老年人的实际需求，保障老年人更好地接受相关服务。

## 二、个案照护的流程图

个案照护的流程图见图 1－1。

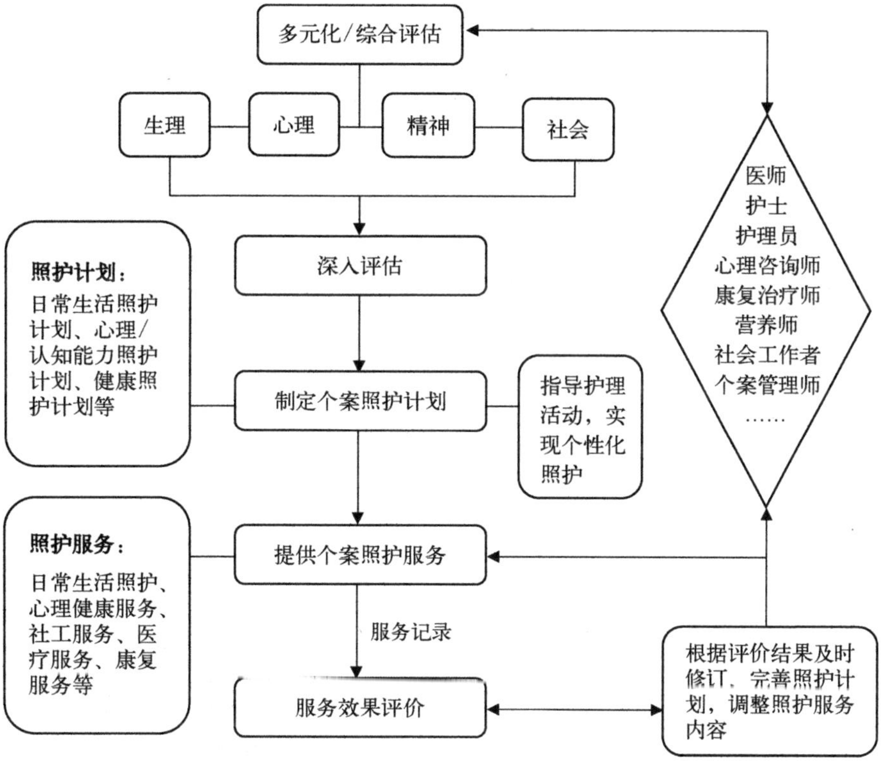

多元化/综合评估
生理
心理
精神
社会
医师
护士
护理员
心理咨询师
康复治疗师
营养师
社会工作者
个案管理师
……
深入评估
照护计划：
日常生活照护计划、心理/认知能力照护计划、健康照护计划等
制定个案照护计划
指导护理活动，实现个性化照护
照护服务：
日常生活照护、心理健康服务、社工服务、医疗服务、康复服务等
提供个案照护服务
服务记录
服务效果评价
根据评价结果及时修订、完善照护计划，调整照护服务内容


**图 1-1 个案照护流程图**

# 第二章

# 个案照护计划的制定

评估是准确把握老年人问题及需求的一种方法。通过入住评估和需求评估了解老年人的基本情况，发现老年人存在的问题，分析老年人问题的成因及老年人的需求，是制定个案照护计划的基础。

个案照护计划的制定是用一套系统的方法，通过充分的评估，识别老年人在不同方面的需求，从而制定相关的服务目标及程序的过程，即具体决策过程。个案照护计划是实施照护及满足老年人需求的行动指南，需要根据实施效果定期评估计划的成效，并根据评估结果和老年人的实际情况进行调整。

为保证个案老年人能够得到良好的个案照护，个案管理师需要协调院内各专业人员共同制定老年人的个案照护计划。

# 第一节　老年人入住评估

制定个案照护计划,第一个步骤就是对拟入住的老年人进行入住评估。评估需从老年人的生理状况、身体活动和生活自理能力、心理/精神状况、社会支持状况、经济状况等五个维度进行。评估工作一般在收到申请材料的 15 个工作日内完成,判断老年人所属的照护等级以及老年人是否符合养老机构的入住条件。

## 一、评估相关知识

### (一) 老年人评估常用方法

对老年人进行评估时,常用的方法有交谈、观察、测试、阅读等。

交谈,是指通过与老年人、监护人、照护者及其他相关人员进行交谈,了解老年人的生活活动能力和健康状况的方法。在交谈中,需注意使用有效的沟通技巧,建立良好的信任关系,有效获取老年人的信息和资料。

观察, 是指通过感官获得老年人的生活活动能力和健康状况信息的方法。评估人员通过视觉、听觉、嗅觉、触觉等多种感官,观察老年人的身体状态、精神状态、心理反应及其周围环境,以获得有效的信息和资料。必要时可借助辅助仪器进行观察,以增强观察效果。

测试,是指使用标准化的量表或问卷,测量老年人身心状况的方法。需根据老年人的情况和测量的目的选择量表和问卷,并根据说明正确使用。

阅读,是指通过查阅病历资料、体检报告、辅助检查结果等获取老年人生活活动能力和健康信息的方法。

### （二）老年人评估常用量表

#### 1. 日常生活活动能力评估

日常生活活动（ADL）是指人们在每日的生活中，为了照护自己的衣、食、住、行，保持个人卫生整洁和进行独立的社区活动所必需的一系列基本活动，是人们为了维持生存及适应生存环境而每天必须反复进行的、最基本的、最具有共性的活动。

目前对日常生活活动能力评估的工具有很多，包括 Barthel 指数评定量表（BI）、功能独立性评定量表（FIM）等。《老年人能力评估》（MZ/T 039—2013）中使用的是 Barthel 指数评定量表（见表 2－1）。BI 是由 Dorother Barthel 和 Floorence Mahrey 于 1965 年编制的，该量表评定简单，可信度、灵敏度较高，是应用较广、研究最多的一种评定 ADL 的量表。此量表适用于评估老年人的基本日常生活活动能力，尤其适用于医院或长期照护机构中的老年人。

**表 2－1　Barthel 指数评定量表**

| 项　目 | 评 分 标 准 | 评　分 |
|---|---|---|
| 1. 进食 | 0＝依赖别人 | |
| | 5＝需部分帮助 | |
| | 10＝完全自理 | |
| 2. 洗澡 | 0＝依赖别人 | |
| | 5＝自理 | |
| 3. 修饰 | 0＝需帮助 | |
| | 5＝独立洗脸、梳头、刷牙、剃须 | |
| 4. 穿衣 | 0＝依赖别人 | |
| | 5＝需部分帮助 | |
| | 10＝完全自理 | |

**续　表**

| 项　目 | 评　分　标　准 | 评　分 |
|---|---|---|
| 5. 大便控制 | 0=失禁或昏迷 | |
| | 5=偶尔失禁(每周<1 次) | |
| | 10=能控制 | |
| 6. 小便控制 | 0=失禁、昏迷或需要导尿 | |
| | 5=偶尔失禁(每 24 h<1 次,每周>1 次) | |
| | 10=能控制 | |
| 7. 如厕 | 0=依赖别人 | |
| | 5=需部分帮助 | |
| | 10=完全自理 | |
| 8. 床椅转移 | 0=完全依赖别人,不能坐 | |
| | 5=需大量帮助,能坐 | |
| | 10=需少量帮助或指导 | |
| | 15=自理 | |
| 9. 平地行走 | 0=不能动 | |
| | 5=在轮椅上独立行动 | |
| 9. 平地行走 | 10=需 1 人帮助步行(体力或语言指导) | |
| | 15=独立步行(可独立在平地上行走 45 m) | |
| 10. 上下楼梯 | 0=不能上下楼梯 | |
| | 5=需帮助(体力或语言指导) | |
| | 10=完全自理(连续上下 10~15 个台阶) | |

1）评估方法

对于前 7 个评估项目(进食、洗澡、修饰、穿衣、大便控制、小便控制、如厕)，由评估员询问老年人本人或其主要照顾者，依据评分标准进行评分，在相应的分值上打“√”，并将分值填入“评分”栏。如果检查室内有相应的工具，可通过让老年人现场演示的方式，对“进食”和“穿衣”两个项目进行现场评估。需要特别注意的是，对于“进食”这个项目，须为老年人准备合适的餐具，包括筷子、普通的勺子、为老年人或偏瘫老年人专门设计的勺子等。

对于项目 8～项目 10（床椅转移、平地行走、上下楼梯）这 3 个评估项目，应通过现场评估的方式完成。床椅转移：老年人在检查室内从床上移到椅子上，再从椅子上移到床上。平地行走：老年人需在检查室或其他场地的平地上行走至少 45 米。上下楼梯：老年人需在相应场地内进行上下台阶的动作。评估员根据评分标准进行评分，在相应的分值上打“√”，并将分值填入“评分”栏。对于不能下床的老年人，项目 8～项目 10 的评分为 0 分。

2）结果判定

将 10 个项目的评分相加，即为总分。根据总分，可将日常生活活动能力划分为生活自理、轻度功能障碍、中度功能障碍、重度功能障碍四个等级，评分标准如下。

0＝生活自理：100 分，日常生活活动能力良好，不需要他人帮助。

1＝轻度功能障碍：61～99 分，能独立完成部分日常活动，但需要一定的帮助。

2＝中度功能障碍：41～60 分，需要极大帮助才能完成日常生活活动。

3＝重度功能障碍：≤40 分，无法完成大部分日常生活活动或完全需要他人照料。

3）评估注意事项

（1）考虑影响评估的因素：在评估过程中，应综合考虑相关因素，如老年人的生活习惯，文化素质，工作性质，所处的社会和家庭环境，所承担的社会角色以及日常生活活动能力下降前的功能状况、心理状态和合作程度等，这些都可能对评估结果产生影响。

(2) 确保老年人的安全：在评估过程中，应注意对老年人进行相应保护，避免发生意外。

(3) 重复评估时确保环境一致：重复评估时，应尽量在同一环境中进行，避免环境因素对评估结果的影响。

(4) 结果记录：记录结果时按照时间顺序，记录每次评估的时间和详细结果；如果在信息系统中记录，结果会被系统自动记录并留存。

2. 吞咽能力评估

吞咽障碍明显制约了老年人生活质量的提高，甚至可能导致吸入性肺炎或因噎呛致死等严重后果。针对此类老年人，及时准确地对其吞咽功能做出评估与预后判断尤为重要。当发现老年人进食或饮水时有呛咳等症状或老年人主诉吞咽困难时，评估员应对老年人进行吞咽功能的评估。目前对吞咽能力进行评估多用洼田饮水实验法。

洼田饮水实验是由日本学者洼田俊夫提出的。该方法分级明确清楚、操作简单，可有效对进食或饮水时有呛咳、主诉吞咽困难的老年人进行评估。实验要求：老年人意识清楚，能够按照指令完成实验。进行实验时，应让老年人端坐，喝下 30 mL 温开水，观察其所需时间及呛咳情况。洼田饮水实验的分级及结果判断标准见表 2-2。

**表 2-2　洼田饮水实验的分级及结果判断标准**

| | |
|---|---|
| 分　级 | 1 级(优)：能顺利地 1 次将水咽下 |
| | 2 级(良)：分 2 次及以上咽下，无呛咳 |
| | 3 级(中)：能 1 次咽下，但有呛咳 |
| | 4 级(可)：分 2 次及以上咽下，但有呛咳 |
| | 5 级(差)：频繁呛咳，不能全部咽下 |

续 表

| | |
|---|---|
| 结果判断标准 | 正常：1级，5秒以内 |
| | 可疑存在吞咽障碍：1级在5秒以上或2级 |
| | 吞咽功能异常：3～5级 |

评估注意事项：

(1) 尽量不要告诉老年人正在做测试，以防老年人紧张。

(2) 饮水量要准确。

(3) 对于3级及以上的老年人，应给予相应的指导并采取相应措施：3级的给予自行吞咽训练的指导；4级的给予吞咽训练及自行吞咽训练的指导；5级的给予留置胃管的指导。

3. 认知功能评估

认知功能评估可以客观地反映认知功能是否有损害，以及其损害的程度、特征和变化，以尽早发现老年人的认知功能问题，给予早期干预。常用的评估量表有简易智能精神状态检查量表(MMSE)、画钟测试、蒙特利尔认知评估量表(MoCA)、记忆障碍自评表(AD8)等。

1) 简易智能精神状态检查量表

简易智能精神状态检查量表(见表2-3)由Folstein于1975年编制，并经张明国汉化，是目前国内外最普及、最常用的一种筛查工具，它可对老年人的认知和智力功能方面有无衰退进行评估。该方法简单方便，易操作。

**表2-3 简易智能精神状态检查量表**

| 项目 | | 记录 | 评分 | 项目 | | 记录 | 评分 |
|---|---|---|---|---|---|---|---|
| Ⅰ. 定向力 | 星期几 | | 0<br>1 | Ⅰ. 定向力 | 几月 | | 0<br>1 |
| | 几号 | | 0<br>1 | | 什么季节 | | 0<br>1 |

**续　表**

| 项　　目 | | 记录 | 评分 |
|---|---|---|---|
| Ⅰ. 定向力 | 哪一年 | | 0<br>1 |
| | 省（自治区、直辖市） | | 0<br>1 |
| | 区或县 | | 0<br>1 |
| | 街道或乡镇 | | 0<br>1 |
| | 什么地方 | | 0<br>1 |
| | 第几层楼 | | 0<br>1 |
| Ⅱ. 记忆力 | 皮球 | | 0<br>1 |
| | 国旗 | | 0<br>1 |
| | 树木 | | 0<br>1 |
| Ⅲ. 注意力和计算力 | 100－7 | | 0<br>1 |
| | 再减 7 | | 0<br>1 |
| | 再减 7 | | 0<br>1 |
| | 再减 7 | | 0<br>1 |
| | 再减 7 | | 0<br>1 |

| 项　　目 | | | 记录 | 评分 |
|---|---|---|---|---|
| Ⅳ. 回忆能力 | | 皮球 | | 0<br>1 |
| | | 国旗 | | 0<br>1 |
| | | 树木 | | 0<br>1 |
| Ⅴ. 语言能力 | Ⅴ1. 命名能力 | 手表 | | 0<br>1 |
| | | 钢笔 | | 0<br>1 |
| | Ⅴ2. 复述能力 | 四十四只石狮子 | | 0<br>1 |
| | Ⅴ3. 完成命令 | 右手拿纸 | | 0<br>1 |
| | | 两手将纸对折 | | 0<br>1 |
| | | 将纸放在左腿上 | | 0<br>1 |
| | Ⅴ4. 阅读能力 | 请看这句话（“请闭上您的眼睛”），并按它的意思去做 | | 0<br>1 |
| | Ⅴ5. 书写能力 | 请写一句完整的句子 | | 0<br>1 |
| | Ⅴ6. 结构能力 | 请将下面的图形照样画出来 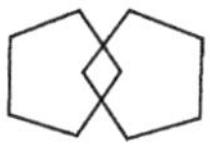 | | 0<br>1 |

（1）使用方法

① 定向力（最高 10 分）

首先询问日期，之后有针对性地询问其他部分，如“您能告诉我现在是什么季节吗？”每答对 1 题得 1 分。然后依次提问：“您能告诉我我们在什么省（自治区、直辖市）吗？”“您能告诉我您在什么区或县（街道或乡镇？什么地方？第几层楼？）吗？”每答对 1 题得 1 分。

② 记忆力（最高 3 分）

测试者首先告诉受试者将会问几个问题来检查他的记忆力，然后清楚、缓慢地说出 3 个互不相关的物品的名称（如皮球、国旗、树木），大约 1 秒说一个。测试者说完 3 个物品的名称之后，要求受试者重复一遍，答对 1 个得 1 分。如果受试者没能完全记住，测试者可以重复，但重复的次数不能超过 5 次。如果 5 次后受试者仍未记住这 3 个物品的名称，那么对于回忆能力的检查就没有意义了（请跳过“Ⅳ. 回忆能力”检查）。

③ 注意力和计算力（最高 5 分）

要求受试者计算 100 减 7，之后再减 7，一直减 5 次（答案依次为 93、86、79、72、65）。答对 1 次得 1 分，如果上一次错了，但下一次的答案是对的，也得 1 分。这种情况指的是以上一次的错误答案为标准，减 7 后所得的答案正确，则可得 1 分。

④ 回忆能力（最高 3 分）

让受试者重复一遍“记忆力”检查时提到的 3 个物品的名称。正确重复 1 个得 1 分，最高得 3 分。

⑤ 语言能力（最高 9 分）

a. 命名能力（0～2 分）：拿出手表的卡片或实物给受试者看，要求他们说出这是什么，之后再拿出钢笔的卡片或实物问他们同样的问题。所准备卡片上的内容或实物需是老人认识的。回答正确可得 1 分，一共 2 分。

b. 复述能力(0～1分)：要求受试者注意测试者说的话并重复一次，注意测试者只能重复一次。这句话是“四十四只石狮子”，只有复述正确、咬字清楚才能得1分。

c. 完成命令(0～3分)：给受试者一张白纸，要求受试者按照指令去做，注意不要重复或示范。只有按正确顺序做的动作才算正确，每个正确动作得1分。

d. 阅读能力(0～1分)：拿出一张写有“请闭上您的眼睛”的卡片给受试者看，要求受试者读出来，并按要求去做。只有受试者正确读出来且闭上眼睛才能得1分。

e. 书写能力(0～1分)：给受试者一张白纸，让他们自发地写出一个完整的句子。注意：句子必须有主语、谓语、宾语，并有意义。测试者不能给受试者任何提示。语法和标点的错误可以忽略。

f. 结构能力(0～1分)：向受试者展示一张画有两个交叉的五边形的纸，要求受试者照样准确地画出来。评分标准：需画出每个五边形的5个角和5条边；同时，两个五边形交叉处形成菱形。线条的抖动和图形的旋转可以忽略。

(2) 结果判定

得分范围为0～30分。27～30分为正常；≤26分为认识功能障碍，其中21～25分为轻度认知功能障碍，10～20分为中度认知功能障碍，0～9分为重度认知功能障碍。测试成绩与受教育程度密切相关，文盲>17分、小学程度>20分、初中及以上程度>24分为正常。

(3) 评估注意事项

① 测试者要经过专业培训。

② 测试环境要安静，避免干扰，使老年受试者感到舒适。

③ 测试者需考虑到老年受试者的视力和听力状况，因为视力不良或听力缺损会影响评估结果。测试现场应备有老视眼镜、放大镜、助听

器等。

④ 老年受试者和照顾者应分开问诊，以免发生冲突。

⑤ 测试者的语言应使老年受试者能够充分理解，尽量按照指导语进行，严格打分，保持一致性。

⑥ 测试过程中应不断鼓励老年受试者，当其感到完成某项检查较困难时，测试者应避免给予过大压力。

⑦ 测试没有时间限制。

2）画钟测试

徒手画钟表是一项复杂的行为活动，除了需要具备空间结构技巧外，还涉及记忆、注意、抽象思维、设计、布局安排、运用、数字、计算、时间和空间定向、运作的顺序等多种认知功能。画钟测试操作简单、省时，不受受教育程度的限制，易被老年人接受。该测试有多种评定方法，其中以0～4分法最为简单、敏感和易行，利用此方法，测试受试者是否患有阿尔茨海默病的准确率可达75%。

（1）使用方法

测试者指定一个时间，向受试者说出下列指导语："请画出一个钟表表盘，把数字标在正确的位置上，并用时针和分针把时间标在8点20分的位置。"

（2）结果判定

画出封闭的圆得1分，数字位置正确得1分，12个数字无遗漏得1分，时针和分针位置正确得1分。总分4分，4分为认知功能正常，3分为轻度认知功能障碍，2分为中度认知功能障碍，0～1分为重度认知功能障碍。

4. 情绪状态评估

1）老年抑郁量表

老年抑郁量表（GDS）由布林克（Brink）等人于1982年编制，用于评定老年人最近一周内的感受，是专门用于老年人群抑郁筛查的量表。老年人的躯体主诉多，而其中许多躯体主诉属于他们处于老年阶段的正常症状，该量表可更敏感地检查老年抑郁患者特有的躯体症状。表 2－4 包括 30 个条目，每个条目有“是”“否”两个选项，在测评时，将“是”计为 1 分，将“否”计为 0 分。其中有 10 个条目(1、5、7、9、15、19、21、27、29、30)是反向计分(回答“否”表示存在抑郁倾向)，其余 20 个条目是正向计分(回答“是”表示存在抑郁倾向)。

**表 2－4　老年抑郁量表**

| 项　　目 | 是 | 否 |
|---|---|---|
| 1. 您对生活基本上满意吗？ | 1 | 0 |
| 2. 您是否已放弃了许多活动与兴趣？ | 1 | 0 |
| 3. 您是否觉得生活空虚？ | 1 | 0 |
| 4. 您是否常感到厌倦？ | 1 | 0 |
| 5. 您觉得未来有希望吗？ | 1 | 0 |
| 6. 您是否因为摆脱不掉头脑里的一些想法而烦恼？ | 1 | 0 |
| 7. 您是否大部分时间精力充沛？ | 1 | 0 |
| 8. 您是否害怕会有不幸的事落到自己头上？ | 1 | 0 |
| 9. 您是否大部分时间感到幸福？ | 1 | 0 |
| 10. 您是否常感到孤立无援？ | 1 | 0 |
| 11. 您是否经常坐立不安、心烦意乱？ | 1 | 0 |
| 12. 您是否希望待在家里而不愿去做些新鲜事？ | 1 | 0 |
| 13. 您是否常常担心将来？ | 1 | 0 |
| 14. 您是否常觉得记忆力比以前差？ | 1 | 0 |
| 15. 您是否觉得现在活得很惬意？ | 1 | 0 |
| 16. 您是否常感到心情沉重、郁闷？ | 1 | 0 |
| 17. 您是否觉得像现在这样活着毫无意义？ | 1 | 0 |
| 18. 您是否总为过去的事忧愁？ | 1 | 0 |

续表

| 项　　目 | 是 | 否 |
|---|---|---|
| 19. 您是否觉得生活很令人兴奋? | 1 | 0 |
| 20. 您开始一件新的工作很困难吗? | 1 | 0 |
| 21. 您是否觉得生活充满活力? | 1 | 0 |
| 22. 您是否觉得自己的处境已毫无希望? | 1 | 0 |
| 23. 您是否觉得大多数人比自己强得多? | 1 | 0 |
| 24. 您是否常为一些小事伤心? | 1 | 0 |
| 25. 您是否常觉得想哭? | 1 | 0 |
| 26. 您集中精力有困难吗? | 1 | 0 |
| 27. 您早晨起来觉得很快乐吗? | 1 | 0 |
| 28. 您希望避开聚会吗? | 1 | 0 |
| 29. 您做决定很容易吗? | 1 | 0 |
| 30. 您的头脑像往常一样清晰吗? | 1 | 0 |

（1）使用方法

测试者采用下列指导语："请回顾您最近一周内的感受，仔细阅读下列每句话，在符合您实际感受的选项数字上打'√'。"

计算总分时，先将反向计分的条目进行分值转换(0→1，1→0)，再将30个条目的得分相加。

（2）结果判定

得分范围为0～30分，得分越高，表示抑郁情绪越严重。其中，0～10分为正常，11～20分为轻度抑郁，21～30分为中重度抑郁。

（3）评估注意事项

① 以自评的方式完成测评：在告知指导语后，须让被试老年人自行填写，不能由监护人或照护者代替填写。如老年人自行填写有困难，可由评估人员逐条念给被试老年人听，根据被试老年人的口头回答代为填写。

② 注意量表的测评时间：该量表测评的是最近一周内各种症状的出

现情况。因此，在测评时，应强调评定的是“最近一周内”的情况；同时，避免在一周内进行两次或多次测评。

③ 注意隐去“抑郁”一词：由于“抑郁”一词带有一定程度的负面色彩，尤其老年人对“抑郁”一词更为敏感，为了避免老年人有意回避或拒绝测试，调查问卷中不要出现“抑郁”一词，并注意隐去量表的名称；同时，在告知指导语和测评过程中，也应避免提及“抑郁”一词，可用“感受”“情绪状态”“心理状态”等词代替。在测评过程中，如果老年人出现强烈的情绪反应，如哽咽、哭泣，应立即停止测评，待其情绪平复后再进行测评。

2）焦虑自评量表

焦虑自评量表(SAS)由宗(Zung)于 1971 年编制。该量表为自评量表，用于评定个体最近一周内各种症状的出现频率，可用于老年人群焦虑症状的筛查。该量表包括 20 个条目(见表 2－5)，每个条目采用 1～4 级评分。20 个条目中有 5 个条目(5、9、13、17、19)为反向计分。

**表 2－5　焦虑自评量表**

| 项　　目 | 没有或很少时间 | 少部分时间 | 相当多时间 | 绝大部分或全部时间 |
|---|---|---|---|---|
| 1. 我觉得比平常容易紧张或着急 | 1 | 2 | 3 | 4 |
| 2. 我无缘无故地感到害怕 | 1 | 2 | 3 | 4 |
| 3. 我容易心里烦乱或觉得惊恐 | 1 | 2 | 3 | 4 |
| 4. 我觉得我可能将要发疯 | 1 | 2 | 3 | 4 |
| 5. 我觉得一切都很好，也不会发生什么不幸 | 1 | 2 | 3 | 4 |
| 6. 我手脚打战 | 1 | 2 | 3 | 4 |
| 7. 我因为头痛、颈痛和背痛而苦恼 | 1 | 2 | 3 | 4 |
| 8. 我感觉容易衰弱和疲乏 | 1 | 2 | 3 | 4 |
| 9. 我觉得心平气和，并且容易安静地坐着 | 1 | 2 | 3 | 4 |
| 10. 我觉得心跳得很快 | 1 | 2 | 3 | 4 |

续　表

| 项　　目 | 没有或很少时间 | 少部分时间 | 相当多时间 | 绝大部分或全部时间 |
|---|---|---|---|---|
| 11. 我因为一阵阵头晕而苦恼 | 1 | 2 | 3 | 4 |
| 12. 我有晕倒发作，或觉得要晕倒似的 | 1 | 2 | 3 | 4 |
| 13. 我吸气呼气都感到很容易 | 1 | 2 | 3 | 4 |
| 14. 我的手脚麻木和有刺痛感 | 1 | 2 | 3 | 4 |
| 15. 我因为胃痛和消化不良而苦恼 | 1 | 2 | 3 | 4 |
| 16. 我常常要小便 | 1 | 2 | 3 | 4 |
| 17. 我的手脚常常是干燥温暖的 | 1 | 2 | 3 | 4 |
| 18. 我脸红发热 | 1 | 2 | 3 | 4 |
| 19. 我容易入睡，并且整夜睡得很好 | 1 | 2 | 3 | 4 |
| 20. 我做噩梦 | 1 | 2 | 3 | 4 |

(1) 使用方法

测试者采用下列指导语："下面有 20 条描述，请您仔细阅读每一条，把意思弄明白，根据您最近一周的实际情况，在每一条后面适当的选项数字上打'√'。"

计算总分时，先将反向计分的条目进行分值转换(1→4，2→3，3→2，4→1)，再将 20 个条目的得分相加，即得到粗分，得分范围为 20～80 分。

(2) 结果判定

粗分＞40 分为存在焦虑，得分越高，焦虑倾向越明显。将粗分乘以 1.25，四舍五入取整数部分，即得到标准分。按照我国常模结果，标准分＞50 分为存在焦虑。

(3) 评估注意事项

① 以自评的方式完成测评：在告知指导语后，须让被试老年人自行填写，不能由监护人或照护者代替填写。如老年人自行填写有困难，

可由评估人员逐条念给被试老年人听，根据被试老年人的口头回答代为填写。

② 注意量表的测评时间：该量表测评的是最近一周内各种症状的出现情况。因此，在测评时，应强调评定的是“最近一周内”的情况；同时，避免在一周内进行两次或多次测评。如果必须在短时间内观察焦虑的动态变化，就使用状态焦虑问卷。

③ 注意隐去“焦虑”一词：在测评时，要注意隐去量表的名称；同时，在告知指导语和测评过程中，也应避免提及“焦虑”一词，以免因暗示作用而增加被试者的焦虑情绪，影响测评结果。

④ 判定结果时的注意事项：判定有无焦虑时，要分清是粗分还是标准分，二者的界值分别是 40 分和 50 分，不要将二者混淆。

5. 社会支持评估

社会支持评估量表(SSRS)由肖水源等于 1986 年编制，是在参考国外社会支持评定工具的基础上结合我国国情设计的，1990 年进行了小规模修订。该量表由 10 个项目组成(见表 2-6)，包括客观支持、主观支持、支持利用度三个维度。客观支持维度的项目为第 2、6、7 项，反映个体接受的实际支持；主观支持维度的项目为第 1、3、4、5 项，反映个体所能体验到的或情感上的支持；支持利用度维度的项目为第 8、9、10 项，反映个体对各种社会支持的主动利用。

**表 2-6　社会支持评估量表**

| 项　目 | 选　项 |
| --- | --- |
| 1. 您有多少关系密切、可以得到支持和帮助的朋友？(只能选一项) | ① 1 个也没有 |
| | ② 1～2 个 |
| | ③ 3～5 个 |
| | ④ 6 个或 6 个以上 |

续　表

| 项　　目 | | 选　　项 |
|---|---|---|
| 2. 近一年来您：（只能选一项） | | ① 远离家人，且独居一室 |
| | | ② 住处经常变动，多数时间和陌生人住在一起 |
| | | ③ 和同学、同事或朋友住在一起 |
| | | ④ 和家人住在一起 |
| 3. 您与邻居：（只能选一项） | | ① 互相从不关心，只是点头之交 |
| | | ② 遇到困难可能稍微关心一下 |
| | | ③ 有些邻居很关心您 |
| | | ④ 大多数邻居都很关心您 |
| 4. 您与同事：（只能选一项） | | ① 相互从不关心，只是点头之交 |
| | | ② 遇到困难可能稍微关心一下 |
| | | ③ 有些同事很关心您 |
| | | ④ 大多数同事都很关心您 |
| 5. 从家庭成员处得到的支持和照护：（在“无”“极少”“一般”“全力支持”四个选项中选一个） | A. 夫妻（恋人） | ① 无　② 极少　③ 一般　④ 全力支持 |
| | B. 父母 | ① 无　② 极少　③ 一般　④ 全力支持 |
| | C. 儿女 | ① 无　② 极少　③ 一般　④ 全力支持 |
| | D. 兄弟姐妹 | ① 无　② 极少　③ 一般　④ 全力支持 |
| | E. 其他成员（如嫂子） | ① 无　② 极少　③ 一般　④ 全力支持 |
| 6. 过去，在您遇到急难情况时，曾经得到的经济支持和解决实际问题的帮助的来源： | | ① 无任何来源 |
| | | ② 下列来源：（可多选）<br>A. 配偶　B. 其他家人　C. 朋友　D. 亲戚　E. 同事　F. 工作单位　G. 党、团、工会等官方或半官方组织　H. 宗教、社会团体等非官方组织　I. 其他（请列出______________） |

**续　表**

| 项　　目 | 选　　项 |
| --- | --- |
| 7. 过去，在您遇到急难情况时，曾经得到的安慰和关心的来源： | ① 无任何来源 |
| | ② 下列来源：（可多选）<br>A. 配偶　B. 其他家人　C. 朋友　D. 亲戚　E. 同事　F. 工作单位　G. 党、团、工会等官方或半官方组织　H. 宗教、社会团体等非官方组织　I. 其他（请列出______________） |
| 8. 您遇到烦恼时的倾诉方式：（只能选一项） | ① 从不向任何人倾诉 |
| | ② 只向关系极为密切的 1～2 个人倾诉 |
| | ③ 如果朋友主动询问您会说出来 |
| | ④ 主动诉说自己的烦恼，以获得支持和理解 |
| 9. 您遇到烦恼时的求助方式：（只能选一项） | ① 只靠自己，不接受别人帮助 |
| | ② 很少请求别人帮助 |
| | ③ 有时请求别人帮助 |
| | ④ 有困难时经常向家人、亲友、组织求援 |
| 10. 对于团体（如党团组织、宗教组织、工会、居委会等）组织的活动，您：（只能选一项） | ① 从不参加 |
| | ② 偶尔参加 |
| | ③ 经常参加 |
| | ④ 主动参加并积极活动 |

1）使用方法

测试者采用下列指导语：“下面的问题用于反映您在社会中所获得的支持，请按各个问题的具体要求，根据您的实际情况，在相应的选项序号上打‘√’。”

项目 1～5 和项目 8～10 为单选题，每题 4 个选项，分别计 1～4 分。项目 5 包含 5 个条目，每个条目从“无”“极少”“一般”到“全力支持”分别计 1、2、3、4 分，累积计分。在项目 6 和项目 7 中，选“无任何来源”的计 0

分,选择"下列来源"的,选了几个选项计几分。

2) 结果判定

各维度条目的得分相加为各维度得分,10 个条目的得分相加为量表总得分。总得分越高,表明社会支持程度越高。

## 二、评估前的准备

### (一) 确定评估时间和评估方式

养老机构或第三方评估机构在接到评估通知后,应初步了解老年人的信息,与老年人及其监护人约定评估时间、确定评估方式。

1. 评估实施机构的资质

无论评估主体是养老机构还是第三方评估机构,都应具备以下评估资质:

1) 依法独立登记;

2) 具有至少 5 名以上的评估人员;

3) 具有稳定的办公场所;

4) 负责人和评估人员均没有相关违法、违规等不良记录;

5) 评估人员具备医学、护理学、社会工作等专业背景,并取得专业技能证书,经过培训获得评估资格,或具有评估工作经历;

6) 能在规定时间内完成评估工作,保证评估质量。

2. 评估方式

评估方式有两种,即机构评估和上门评估。机构评估是指老年人及其监护人到指定的评估机构进行评估;上门评估是指老年人因行动不便或无人照料等原因不能到机构进行评估,则由评估人员上门进行评估。为了使评估结果更具可行性,且考虑到部分老年人行动不便,养老机构或第三方评估机构一般采用上门评估的方式。

无论采用哪种评估方式,每次评估均需两名评估员一同进行。

（二）准备评估场地和设备

在实施评估前，评估员应做好评估场地和设备的准备工作。评估环境应安静、整洁、光线明亮、空气清新、温度适宜。准备好评估所需的问卷或量表以及其他所需的物品，如椅子、桌子、台阶等。

## 三、评估工作的实施

评估员按照约定的时间、地点和方式，开展评估工作。评估内容包括以下几个方面。

1. 身份信息

依据老年人或其监护人的身份证、户口本等证件，收集老年人或其监护人的年龄、户籍所在地（常住地）等基本信息。

2. 健康状况

根据老年人近三个月的健康体检报告，检查老年人有无精神性疾病、传染性疾病或需住院治疗的疾病，并与其签署知情同意书。残疾老年人还应提交残疾等级证书或相关证明材料。

3. 对象类别

依据老年人或其监护人的经济状况、家庭成员及社会贡献等，确定其所属的保障对象类别。

1）家庭经济状况

审核老年人户籍所在地（常住地）县（市、区）民政部门核发的城市特困、低保、低收入等有关证件或证明材料。

2）家庭成员状况

家庭成员包含老年人的子女及其法定赡养人。审核老年人户籍所在地（常住地）居（村）民委员会出具的孤寡老年人证明，户籍所在地（常住地）县（市、区）卫生健康部门、乡镇（街道）、县（市、区）残联等核发的证件或相关材料。

3）优待资格

审核老年人或其监护人提供的县（市、区）级及以上劳动模范待遇证明、因公致残和见义勇为伤残证明以及其他身份类别的证明等相关证明材料。

4. 生活自理能力

不少地方政府依据《中华人民共和国民政行业标准：老年人能力评估（MZ/T 039—2013）》（见附录）起草制定了适合地方的老年人能力评估方法，以评估老年人的自理能力。不同地区的养老机构可以参照当地的老年人能力评估办法进行评估。

根据老年人的日常生活活动能力、精神状态、感知觉与沟通能力及社会参与能力的综合情况，老年人的能力等级通常被划分为“能力完好（0级）”“轻度受损（1级）”“中度受损（2级）”和“重度受损（3级）”四个级别，或可被划分为“护理0级（能力完好）”“护理1级（轻度失能）”“护理2级（中度失能）”“护理3级（重度失能）”“护理4级（极重度失能）”五个级别。

《老年人能力评估》的内容包括以下几个方面。

1）日常生活活动能力

日常生活活动能力是指老年人独立生活而必须每天反复进行的最基本的行为动作，如日常进食、洗澡、修饰、穿衣、大便控制、小便控制、如厕、床椅转移、平地行走、上下楼梯等日常活动。

2）精神状态

精神状态是指老年人在认知能力、攻击行为、情绪等方面的表现。

3）感知觉与沟通能力

感知觉与沟通能力是指老年人在意识水平、视力、听力、沟通交流等方面的能力。

4）社会参与能力

社会参与能力是指老年人参与社会活动的能力。

# 附录：民政部老年人能力评估（MZ/T 039—2013）①

## 附录 A　老年人能力评估基本信息表

### A.1 评估基本信息表

| | |
|---|---|
| A.1.1 评估编号 | □□□□□□□□ |
| A.1.2 评估基准日期 | □□□□年□□月□□日 |
| A.1.3 评估原因 | 1. 接受服务前初评<br>2. 接受服务后的常规评估<br>3. 状况发生变化后的即时评估<br>4. 因评估结果有疑问进行的复评　□ |

### A.2 被评估者的基本信息表

| | |
|---|---|
| A.2.1 姓名 | |
| A.2.2 性别 | 1. 男　2. 女　□ |
| A.2.3 出生日期 | □□□□年□□月□□日 |
| A.2.4 身份证号 | □□□□□□□□□□□□□□□□□□ |
| A.2.5 社保卡号 | □□□□□□□□□ |
| A.2.6 民族 | 1. 汉　2. 少数民族________　□ |
| A.2.7 文化程度 | 1. 文盲　2. 小学　3. 初中　4. 高中/技校/中专　5. 大学专科及以上　6. 不详　□ |
| A.2.8 宗教信仰 | 0. 无　1. 有________　□ |
| A.2.9 婚姻状况 | 1. 未婚　2. 已婚　3. 丧偶　4. 离婚　5. 未说明的婚姻状况　□ |
| A.2.10 居住情况 | 1. 独居　2. 与配偶/伴侣居住　3. 与子女居住　4. 与父母居住　5. 与兄弟姐妹居住　6. 与其他亲属居住　7. 与非亲属关系的人居住　8. 养老机构　□ |
| A.2.11 医疗费用支付方式 | 1. 城镇职工基本医疗保险　2. 城镇居民基本医疗保险　3. 新型农村合作医疗　4. 贫困救助　5. 商业医疗保险　6. 全公费　7. 全自费　8. 其他________　□/□/□/□ |

① 《中华人民共和国民政行业标准：老年人能力评估（MZ/T 039—2013）》。

续 表

| | | |
|---|---|---|
| **A. 2. 12 经济来源** | | 1. 退休金/养老金 2. 子女补贴 3. 亲友资助<br>4. 其他补贴________ □/□/□/□ |
| **A. 2. 13 疾病诊断** | A. 2. 13. 1 痴呆 | 0. 无 1. 轻度 2. 中度 3. 重度 □ |
| | A. 2. 13. 2 精神疾病 | 0. 无 1. 精神分裂症 2. 双相情感障碍 3. 偏执性精神障碍 4. 分裂情感性障碍 5. 癫痫所致精神障碍 6. 精神发育迟滞伴发精神障碍 □ |
| | A. 2. 13. 3 慢性疾病 | |
| **A. 2. 14 近30天内意外事件** | A. 2. 14. 1 跌倒 | 0. 无 1. 发生过1次 2. 发生过2次 3. 发生过3次及以上 □ |
| | A. 2. 14. 2 走失 | 0. 无 1. 发生过1次 2. 发生过2次 3. 发生过3次及以上 □ |
| | A. 2. 14. 3 噎食 | 0. 无 1. 发生过1次 2. 发生过2次 3. 发生过3次及以上 □ |
| | A. 2. 14. 4 自杀 | 0. 无 1. 发生过1次 2. 发生过2次 3. 发生过3次及以上 □ |
| | A. 2. 14. 5 其他 | |

**A. 3 信息提供者及联系人信息表**

| | |
|---|---|
| **A. 3. 1 信息提供者的姓名** | |
| **A. 3. 2 信息提供者与老人的关系** | 1. 配偶 2. 子女 3. 其他亲属 4. 雇用照顾者<br>5. 其他________ □ |
| **A. 3. 3 联系人姓名** | |
| **A. 3. 4 联系人电话** | |

## 附录 B 老年人能力评估表

**B. 1 日常生活活动评估表**

| | | |
|---|---|---|
| **B. 1. 1 进食:**<br>指用餐具将食物由容器送到口中、咀嚼、吞咽等过程 | □分 | 10分,可独立进食(在合理的时间内独立进食准备好的食物) |
| | | 5分,需部分帮助(进食过程中需要一定帮助,如协助把持餐具) |
| | | 0分,需极大帮助或完全依赖他人,或有留置营养管 |

续　表

| | | |
|---|---|---|
| **B.1.2 洗澡** | □分 | 5分，准备好洗澡水后，可自己独立完成洗澡过程 |
| | | 0分，在洗澡过程中需他人帮助 |
| **B.1.3 修饰：**<br>指洗脸、刷牙、梳头、刮脸等 | □分 | 5分，可自己独立完成 |
| | | 0分，需他人帮助 |
| **B.1.4 穿衣：**<br>指穿脱衣服、系扣、拉拉链、穿脱鞋袜、系鞋带 | □分 | 10分，可独立完成 |
| | | 5分，需部分帮助（能自己穿脱，但需他人帮助整理衣物、系扣/鞋带、拉拉链） |
| | | 0分，需极大帮助或完全依赖他人 |
| **B.1.5 大便控制** | □分 | 10分，可控制大便 |
| | | 5分，偶尔失控（每周<1次），或需要他人提示 |
| | | 0分，完全失控 |
| **B.1.6 小便控制** | □分 | 10分，可控制小便 |
| | | 5分，偶尔失控（每天<1次，但每周>1次），或需要他人提示 |
| | | 0分，完全失控，或留置导尿尿管 |
| **B.1.7 如厕：**<br>包括去厕所、解开衣裤、擦净、整理衣裤、冲水 | □分 | 10分，可独立完成 |
| | | 5分，需部分帮助（需他人搀扶去厕所、需他人帮忙冲水或整理衣裤等） |
| | | 0分，需极大帮助或完全依赖他人 |
| **B.1.8 床椅转移** | □分 | 15分，可独立完成 |
| | | 10分，需部分帮助（需他人搀扶或使用拐杖） |
| | | 5分，需极大帮助（较大程度上依赖他人搀扶和帮助） |
| | | 0分，完全依赖他人 |
| **B.1.9 平地行走** | □分 | 15分，可独立在平地上行走45米 |
| | | 10分，需部分帮助（因肢体残疾、平衡能力差、过度衰弱、视力等问题，在一定程度上需他人搀扶或使用拐杖、助行器等辅助用具） |

续　表

| | | |
|---|---|---|
| **B.1.9 平地行走** | □分 | 5分,需极大帮助(因肢体残疾、平衡能力差、过度衰弱、视力等问题,在较大程度上依赖他人搀扶,或坐在轮椅上自行移动) |
| | | 0分,完全依赖他人 |
| **B.1.10 上下楼梯** | □分 | 10分,可独立上下楼梯(连续上下10～15个台阶) |
| | | 5分,需部分帮助(需他人搀扶,或扶着楼梯、使用拐杖等) |
| | | 0分,需极大帮助或完全依赖他人 |
| **B.1.11 日常生活活动总分** | □分 | 上述10个项目得分之和 |
| **B.1 日常生活活动分级** | □分 | 0. 能力完好:总分100分<br>1. 轻度受损:总分65～95分<br>2. 中度受损:总分45～60分<br>3. 重度受损:总分≤40分 |

**B.2 精神状态评估表**

| | | |
|---|---|---|
| **B.2.1 认知功能** | 测验 | "我说三样东西,请重复一遍,并记住,一会儿会问您":苹果、手表、国旗 |
| | | (1) 画钟测验:"请您在这儿画一个圆形的时钟,在时钟上标出10点45分" |
| | | (2) 回忆词语:"现在请您告诉我,刚才我要您记住的三样东西是什么?"<br>答:________、________、________(不必按顺序) |
| | 评分<br>□分 | 0分,画钟正确(画出一个闭锁圆,指针位置准确),且能回忆出2～3个词 |
| | | 1分,画钟错误(画的圆不闭锁,或指针位置不准确),或只回忆出0～1个词 |
| | | 2分,已确诊为认知障碍,如阿尔茨海默病 |

续　表

| | | |
|---|---|---|
| **B.2.2 攻击行为** | □分 | 0分,无身体攻击行为(如打/踢/推/咬/抓/摔东西)和语言攻击行为(如骂人、语言威胁、尖叫) |
| | | 1分,每月有几次身体攻击行为,或每周有几次语言攻击行为 |
| | | 2分,每周有几次身体攻击行为,或每日有语言攻击行为 |
| **B.2.3 抑郁症状** | □分 | 0分,无 |
| | | 1分,情绪低落、不爱说话、不爱梳洗、不爱活动 |
| | | 2分,有自杀念头或自杀行为 |
| **B.2.4 精神状态总分** | □分 | 上述3个项目得分之和 |
| **B.2 精神状态分级** | □级 | 0. 能力完好:总分0分 |
| | | 1. 轻度受损:总分1分 |
| | | 2. 中度受损:总分2～3分 |
| | | 3. 重度受损:总分4～6分 |

**B.3 感知觉与沟通评估表**

| | | |
|---|---|---|
| **B.3.1 意识水平** | □分 | 0分,神志清醒,对周围环境警觉 |
| | | 1分,嗜睡,表现为睡眠状态过度延长。当呼唤或推动其肢体时可唤醒,并能进行正确的交谈或执行指令,停止刺激后又继续入睡 |
| | | 2分,昏睡,一般的外界刺激不能使其觉醒,给予较强烈的刺激时可有短时的意识清醒,醒后可简短回答提问,当刺激减弱后又很快进入睡眠状态 |
| | | 3分,昏迷,处于浅昏迷时对疼痛刺激有回避和痛苦表情;处于深昏迷时对刺激无反应(若评定为昏迷,直接评定为重度失能,可不进行以下项目的评估) |
| **B.3.2 视力:**<br>若平日戴老花镜或近视镜,应在佩戴眼镜的情况下评估 | □分 | 0分,能看清书报上的标准字体 |
| | | 1分,能看清楚大字体,但看不清书报上的标准字体 |

续　表

| | | |
|---|---|---|
| **B. 3. 2 视力：**<br>若平日戴老花镜或近视镜，应在佩戴眼镜的情况下评估 | □分 | 2 分，视力有限，看不清报纸大标题，但能辨认物体 |
| | | 3 分，辨认物体有困难，但眼睛能跟随物体移动，只能看到光、颜色和形状 |
| | | 4 分，没有视力，眼睛不能跟随物体移动 |
| **B. 3. 3 听力：**<br>若平时佩戴助听器，应在佩戴助听器的情况下评估 | □分 | 0 分，可正常交谈，能听到电视、电话、门铃的声音 |
| | | 1 分，在轻声说话或说话距离超过 2 米时听不清 |
| | | 2 分，正常交流有些困难，需在安静的环境或大声说话才能听到 |
| | | 3 分，讲话者大声说话或说话很慢，才能部分听见 |
| | | 4 分，完全听不见 |
| **B. 3. 4 沟通交流：**<br>包括非语言沟通 | □分 | 0 分，无困难，能与他人正常沟通和交流 |
| | | 1 分，能够表达自己的需要及理解别人的话，但需要增加时间或给予帮助 |
| | | 2 分，表达需要或理解有困难，需频繁重复或简化口头表达 |
| | | 3 分，不能表达需要或理解他人的话 |
| **B. 3 感知觉与沟通分级** | □级 | 0. 能力完好：意识清醒，且视力和听力被评为 0 或 1，沟通被评为 0 |
| | | 1. 轻度受损：意识清醒，但视力或听力中至少一项被评为 2，或沟通被评为 1 |
| | | 2. 中度受损：意识清醒，但视力或听力中至少一项被评为 3，或沟通被评为 2；或嗜睡，视力或听力被评为 3 及以下，沟通被评为 2 及以下 |
| | | 3. 重度受损：意识清醒或嗜睡，但视力或听力中至少一项被评为 4，或沟通被评为 3；或昏睡/昏迷 |

## B.4 社会参与评估表

| | | |
|---|---|---|
| **B.4.1 生活能力** | □分 | 0 分，除个人生活自理外（如饮食、洗漱、穿戴、二便），能料理家务（如做饭、洗衣）或当家管理事务 |
| | | 1 分，除个人生活自理外，能做家务，但欠好，家庭事务安排欠条理 |
| | | 2 分，个人生活能自理，只有在他人帮助下才能做些家务，但质量不好 |
| | | 3 分，个人基本生活事务能自理（如饮食、二便），在督促下可洗漱 |
| | | 4 分，个人基本生活事务（如饮食、二便）需要部分帮助或完全依赖他人帮助 |
| **B.4.2 工作能力** | □分 | 0 分，原来熟练的脑力工作或体力技巧性工作可照常进行 |
| | | 1 分，原来熟练的脑力工作或体力技巧性工作能力有所下降 |
| | | 2 分，原来熟练的脑力工作或体力技巧性工作明显不如以往，部分遗忘 |
| | | 3 分，对熟练工作只有一些片段保留，技能全部遗忘 |
| | | 4 分，对以往的知识或技能全部磨灭 |
| **B.4.3 时间/空间定向** | □分 | 0 分，时间观念（年、月、日、时）清楚；可单独出远门，能很快掌握新环境的方位 |
| | | 1 分，时间观念有些下降，年、月、日清楚，但有时相差几天；可单独来往于近街，知道现住地的名称和方位，但不知回家路线 |
| | | 2 分，时间观念较差，年、月、日不清楚，可知上半年或下半年；只能单独在家附近行动，对现住地只知名称，不知道方位 |
| | | 3 分，时间观念很差，年、月、日不清楚，可知上午或下午；只能在左邻右舍间串门，对现住地不知名称和方位 |
| | | 4 分，无时间观念；不能单独外出 |

续 表

| | | |
|---|---|---|
| **B.4.4 人物定向** | □分 | 0 分，知道周围人们的关系，知道祖孙、叔伯、姑姨、侄子侄女等称谓的意义；可分辨陌生人的大致年龄和身份，可用适当称呼 |
| | | 1 分，只知道家中亲密近亲的关系，不会分辨陌生人的大致年龄，不能称呼陌生人 |
| | | 2 分，只能称呼家中人，或只能照样称呼，不知其关系，不辨辈分 |
| | | 3 分，只认识常同住的亲人，可称呼子女或孙子女，可辨熟人和生人 |
| | | 4 分，只认识保护人，不辨熟人和生人 |
| **B.4.5 社会交往能力** | □分 | 0 分，参与社会，对社会环境有一定的适应能力，待人接物恰当 |
| | | 1 分，能适应单纯环境，主动接触人，初见面时难让人发现智力问题，不能理解隐喻语 |
| | | 2 分，脱离社会，可被动接触，不会主动待人，谈话中出现很多不适词句，容易上当受骗 |
| | | 3 分，勉强可与人交往，谈吐内容不清楚，表情不恰当 |
| | | 4 分，难以与人接触 |
| **B.4.6 社会参与总分** | □分 | 上述 5 个项目得分之和 |
| **B.4 社会参与分级** | □级 | 0. 能力完好：总分 0～2 分 |
| | | 1. 轻度受损：总分 3～7 分 |
| | | 2. 中度受损：总分 8～13 分 |
| | | 3. 重度受损：总分 14～20 分 |

## 附录 C　老年人能力评估报告

| | |
|---|---|
| **C.1 一级指标分级** | **C.1.1 日常生活活动：**□级　**C.1.2 精神状态：**□级<br>**C.1.3 感知觉与沟通：**□级　**C.1.4 社会参与：**□级 |
| **C.2 老年人能力初步等级** | 0. 能力完好　1. 轻度失能　2. 中度失能　3. 重度失能　□ |

**续　表**

| | |
|---|---|
| **C.3 等级变更条款** | 1. 有认知障碍/阿尔茨海默病、精神疾病者，在原有能力级别上提高一个等级；<br>2. 近30天内发生过2次及以上跌倒、噎食、自杀、走失者，在原有能力级别上提高一个等级；<br>3. 处于昏迷状态者，直接评定为重度失能；<br>4. 若初步等级确定为“3. 重度失能”，则不考虑上述1～3中各项情况对最终等级的影响，等级不再提高 □ |
| **C.4 老年人能力最终等级** | 0. 能力完好　1. 轻度失能　2. 中度失能　3. 重度失能 □ |
| | 评估员签名______、______　日期：___年___月___日<br>信息提供者签名_______　日期：___年___月___日 |

注：老年人能力初步等级划分标准

**0. 能力完好：**

日常生活活动、精神状态、感知觉与沟通分级均为0，社会参与分级为0或1

**1. 轻度失能：**

日常生活活动分级为0，但精神状态、感知觉与沟通中至少一项分级为1及以上，或社会参与的分级为2；

或日常生活活动分级为1，但精神状态、感知觉与沟通、社会参与中至少有一项的分级为0或1

**2. 中度失能：**

日常生活活动分级为1，但精神状态、感知觉与沟通、社会参与均为2，或有一项为3；

或日常生活活动分级为2，且精神状态、感知觉与沟通、社会参与中有1～2项的分级为1或2

**3. 重度失能：**

日常生活活动的分级为3；

或日常生活活动、精神状态、感知觉与沟通、社会参与分级均为2；

或日常生活活动分级为2，且精神状态、感知觉与沟通、社会参与中至少有一项分级为3

# 第二节　入院适应期照护服务

生活环境的改变会给老年人带来适应问题。因此，个案照护计划除应包括帮助新入住老年人熟悉和适应院中生活的照护内容，还应包括根据老年人入住适应期的表现，判断老年人是否能够适应院中的生活，是否适合长期入住该养老机构的内容。入住适应时间通常为30天以内，特殊情况可申请延长适应期。

## 一、入住导向计划

办完入住手续后，责任护理员应按照入住导向计划（见表2－7），帮助老年人尽快适应院中的生活。

**表2－7　入住导向计划表**

| 执行计划 | 事　　项 | 实际执行日期 | 负责人员签名（注明职位） |
|---|---|---|---|
| 入住首天 | 1. 介绍养老机构的政策和规则 | | |
| | 2. 说明老年人的权利和义务 | | |
| | 3. 介绍和认识已入住老年人（尤其是同一房间、附近房间的老年人） | | |
| | 4. 介绍养老机构的环境（餐厅、活动室、康复室、老年人自己的房间、浴室、洗手间、办公区域等）和设施（呼叫系统、床位灯等） | | |
| 入住一周 | 5. 介绍日常时间表 | | |
| | 6. 介绍、辨别不同职级的员工及其职责 | | |
| 入住两周 | 7. 介绍养老机构附近的环境 | | |
| 入住三周 | 8. 介绍/安排新入住老年人参加合适的活动/小组，增加认识已入住老年人的机会 | | |

## 二、提供服务

在帮助老年人熟悉养老机构的同时，各业务部门应按照入住适应时间安排(见表 2－8)为老年人提供照护服务。

**表 2－8　入住适应时间安排表**

| 时　间 | 内　　容 |
| --- | --- |
| 24 小时内 | 初步评估及记录即时照护需要(如饮食、护理、药物等)和危险因素(如过敏史、吞咽困难、摔倒危险等) |
| 七日内 | 完成《新入住老年人七日跟进记录表》和《老年人入住七天后评估及初步照护计划》 |
| 一个月内 | 完成《新入住老年人生活适应调查问卷》，完成入住评估量表及制定个人照护计划 |

## 附件 1

**新入住老年人 24 小时内初步评估表**

| 姓　名 | | 性　别 | | 年　龄 | |
|---|---|---|---|---|---|
| 生活区域 | | 房　号 | | 床　号 | |
| 护理等级 | | | 入住日期 | | |
| 老年人即时照护需要（如饮食、护理、药物等） | | | | | |
| 老年人所存在的危险因素（如过敏史、吞咽困难、摔倒危险等） | | | | | |
| 初步的生活照料计划 | | | | | |
| 初步的健康服务计划 | | | | | |

个案评估员签名：＿＿＿＿＿＿　完成日期：＿＿＿＿＿＿

院评估组负责人签名：＿＿＿＿　日　　期：＿＿＿＿＿＿

**附件 2**

**介护区老年人日常生活记录(一级护理)**

姓名　　性别　　年龄　　生活区域　　房号　　床号　　护理等级　　入住日期

| 日期 | 服务内容 | | | | | | | | | | | | | | | | | | | | | | | | | | | | |
|---|---|---|---|---|---|---|---|---|---|---|---|---|---|---|---|---|---|---|---|---|---|---|---|---|---|---|---|---|---|
| | 起床介护 | 排泄介护 | 口腔护理 | 早餐介护 | 服药介护 | 康乐康复 | 户外光照 | 换枕套 | 换床单 | 换被套 | 翻晒被褥 | 午餐介护 | 巡视次数 | 剪指甲、趾甲 | 洗澡、擦身 | 更换内衣 | 理发、剃须 | 午睡介护 | 翻身次数 | 清洗毛巾 | 消毒杯子 | 消毒便器 | 心理疏导 | 饮水 | 吃点心 | 晚餐介护 | 晚间护理 | | |
| | | | | | | | | | | | | | | | | | | | | | | | | | | | 洗脸、洗脚 | 擦会阴 | 洗假牙 |
| | | | | | | | | | | | | | | | | | | | | | | | | | | | | | |
| | | | | | | | | | | | | | | | | | | | | | | | | | | | | | |
| | | | | | | | | | | | | | | | | | | | | | | | | | | | | | |
| | | | | | | | | | | | | | | | | | | | | | | | | | | | | | |
| | | | | | | | | | | | | | | | | | | | | | | | | | | | | | |
| | | | | | | | | | | | | | | | | | | | | | | | | | | | | | |
| | | | | | | | | | | | | | | | | | | | | | | | | | | | | | |
| | | | | | | | | | | | | | | | | | | | | | | | | | | | | | |

注：此表用于老年人入院当日至照护计划完成之前。　　当班人签名：________　　楼面组长签名：________

**附件 3**

**介护区老年人日常生活记录(二级护理)**

姓名　　　性别　　　年龄　　　生活区域　　　房号　　　床号　　　护理等级　　　入住日期

| 日期 | 服务内容 | | | | | | | | | | | | | | | | | | | | | | | | | | | | | | |
|---|---|---|---|---|---|---|---|---|---|---|---|---|---|---|---|---|---|---|---|---|---|---|---|---|---|---|---|---|---|---|---|
| | 起床介护 | 排泄介护 | 洗漱介护 | 早餐介护 | 服药介护 | 康乐康复活动 | | | | | | 换床单 | 换被套 | 换枕套 | 翻晒被褥 | 午餐介护 | 剪指甲、趾甲 | 理发、剃须 | 洗澡、擦身 | 更换内衣 | 清洗毛巾 | 消毒杯子 | 户外活动 | 心理疏导 | 喝茶 | 吃点心 | 晚餐介护 | 轮椅介护 | 晚间护理 | | |
| | | | | | | 唱歌 | 手工 | 电脑 | 影视 | 做操 | 体疗 | | | | | | | | | | | | | | | | | | 洗脸 | 刷牙 | 洗脚 |
| | | | | | | | | | | | | | | | | | | | | | | | | | | | | | | | |
| | | | | | | | | | | | | | | | | | | | | | | | | | | | | | | | |
| | | | | | | | | | | | | | | | | | | | | | | | | | | | | | | | |
| | | | | | | | | | | | | | | | | | | | | | | | | | | | | | | | |
| | | | | | | | | | | | | | | | | | | | | | | | | | | | | | | | |
| | | | | | | | | | | | | | | | | | | | | | | | | | | | | | | | |
| | | | | | | | | | | | | | | | | | | | | | | | | | | | | | | | |
| | | | | | | | | | | | | | | | | | | | | | | | | | | | | | | | |
| | | | | | | | | | | | | | | | | | | | | | | | | | | | | | | | |

注：此表用于老年人入院当日至照护计划完成之前。　　　当班人签名：________　　楼面组长签名：________

**附件 4**

## 介护区老年人日常生活记录(三级护理)

姓名　　　性别　　　年龄　　　生活区域　　　房号　　　床号　　　护理等级　　　入住日期

| 日期 | 服务内容 | | | | | | | | | | | | | | | | | | | | | | | | |
|---|---|---|---|---|---|---|---|---|---|---|---|---|---|---|---|---|---|---|---|---|---|---|---|---|---|
| | 床铺整理 | 换床单 | 换被套 | 换枕套 | 康乐康复活动 | | | | | | 翻晒被褥 | 剪指甲、趾甲 | 理发、剃须 | 洗澡 | 更换内衣 | 消毒 | | | 心理疏导 | 喝茶 | 吃点心 | 轮椅介护 | 户外活动 | 大便次数 | 洗脚介护 |
| | | | | | 唱歌 | 手工 | 电脑 | 影视 | 做操 | 体疗 | | | | | | 杯子 | 毛巾 | 脸盆 | | | | | | | |
| | | | | | | | | | | | | | | | | | | | | | | | | | |
| | | | | | | | | | | | | | | | | | | | | | | | | | |
| | | | | | | | | | | | | | | | | | | | | | | | | | |
| | | | | | | | | | | | | | | | | | | | | | | | | | |
| | | | | | | | | | | | | | | | | | | | | | | | | | |
| | | | | | | | | | | | | | | | | | | | | | | | | | |
| | | | | | | | | | | | | | | | | | | | | | | | | | |
| | | | | | | | | | | | | | | | | | | | | | | | | | |

注：此表用于老年人入院当日至照护计划完成之前。　　　　当班人签名：________　　楼面组长签名：________

**附件 5**

**吞咽评估表**

| 姓　名 | | 性　别 | | 年　龄 | |
|---|---|---|---|---|---|
| 生活区域 | | 房　号 | | 床　号 | |
| 护理等级 | | 入住日期 | | | |

| 序号 | 吞咽困难的表现 | 有 | 无 |
|---|---|---|---|
| 1 | 无法处理口水分泌(例如：持续流口水) | | |
| 2 | 在吞咽时或吞咽后咳嗽 | | |
| 3 | 进食后声音变得浑浊不清 | | |
| 4 | 进食后呼吸节奏明显变得急速 | | |
| 5 | 食物或饮料停留于口腔内较长一段时间才能吞下 | | |
| 6 | 食物或饮料倒流入鼻腔或口腔 | | |
| 7 | 吞咽后食物仍留在舌头上或散在口腔内 | | |
| 8 | 每口食物吞咽数次才能吞完 | | |

注：如存在上述问题,需转给医师给予治疗并提出训练照护建议。

个案评估员签名：____________　完成日期：____________
院评估组负责人签名：________　日　　期：____________
家属意见：________________　家属签名：____________

## 附件 6

### 危险评估表

| 姓 名 | | 性 别 | | 年 龄 | |
|---|---|---|---|---|---|
| 生活区域 | | 房 号 | | 床 号 | |
| 护理等级 | | 入住日期 | | | |

| 序号 | 危险项目 | 评 估 结 果 | 具 体 措 施 |
|---|---|---|---|
| 1 | 跌倒 | □半侧肢体障碍<br>□步履不稳、跛行<br>□不能独立坐起 | 避免危险:<br>□劝阻、限制一个人单独随意移动<br>降低危险发生率:<br>□必要时使用约束带保护(观察肢体末梢循环) |
| 2 | 跌落 | □睡眠不稳<br>□站立不稳 | 降低危险发生率:<br>□装设床护栏<br>□座椅约束带保护(观察肢体末梢循环) |
| 3 | 自伤、伤人 | □行为紊乱,有自伤、伤人行为<br>□有抑郁、厌世情绪 | 避免危险:<br>□使用约束带保护(观察肢体末梢循环) |
| 4 | 冲动行为 | □躁动不安(易暴易怒)<br>□毁物伤人 | 避免危险:<br>□使用约束带保护(观察肢体末梢循环) |
| 5 | 压疮 | □卧床不起<br>□营养状况差 | 降低危险发生率:<br>□白天尽量离床生活,预防长时间卧床<br>□加强营养 |
| 6 | 走失 | □定向障碍<br>□不顾自身安危独自出走<br>□无目的地游走 | 降低危险发生率:<br>□限制活动范围<br>□活动必须在工作人员的视野之内 |
| 7 | 夜间游走 | □日夜颠倒 | 降低危险发生率:<br>□晚上使用约束带保护(观察肢体末梢循环) |
| 8 | 误吸 | | |
| 9 | 其他 | | |

注:若老年人存在上述情况,我们需要家属和老年人的共同配合;通过采用各种保护措施,希望能将事故的发生率降到最低。

谢谢您的理解和配合!

个案评估员签名:__________ 完成日期:__________

院评估组负责人签名:__________ 日 期:__________

家属意见:__________ 家属签名:__________

**附件 7**

**新入住老年人七日跟进记录表**

| 姓　名 | | 性　别 | | 年　龄 | |
|---|---|---|---|---|---|
| 入住日期 | | | | | |
| 时　间 | 新入住老年人情况记录 | | | | |
| | 白　　班 | | | 夜　　班 | |
| 第一天 | 签名：________ | | | 签名：________ | |
| 第二天 | 签名：________ | | | 签名：________ | |
| 第三天 | 签名：________ | | | 签名：________ | |
| 第四天 | 签名：________ | | | 签名：________ | |
| 第五天 | 签名：________ | | | 签名：________ | |
| 第六天 | 签名：________ | | | 签名：________ | |
| 第七天 | 签名：________ | | | 签名：________ | |

**附件 8**

**老年人入住七天后评估及初步照护计划**

<table>
<tr><td>姓名</td><td></td><td>性别</td><td></td><td>年龄</td><td></td><td>入住日期</td><td></td></tr>
<tr><td>生活区域</td><td colspan="2"></td><td colspan="2">房号</td><td></td><td>床号</td><td></td></tr>
<tr><td rowspan="5">综合评估</td><td>自我照料能力</td><td colspan="6">评估人：________　日期：________</td></tr>
<tr><td>定向识别能力</td><td colspan="6">评估人：________　日期：________</td></tr>
<tr><td>抑郁/焦虑心境</td><td colspan="6">评估人：________　日期：________</td></tr>
<tr><td>激惹行为</td><td colspan="6">评估人：________　日期：________</td></tr>
<tr><td>退缩行为</td><td colspan="6">评估人：________　日期：________</td></tr>
<tr><td>老年人特殊需求</td><td colspan="7">记录人：________　日期：________</td></tr>
<tr><td rowspan="3">初步个案护理计划</td><td>日常生活护理计划</td><td colspan="6"></td></tr>
<tr><td>认知能力护理计划</td><td colspan="6"></td></tr>
<tr><td>健康服务计划</td><td colspan="6"></td></tr>
</table>

个案评估员签名：____________　完成日期：____________

院评估组负责人签名：________　日　　期：____________

**附件 9**

**新入住老年人生活适应调查问卷**

| | | | | | |
|---|---|---|---|---|---|
| 姓　名 | | 年　龄 | | 性　别 | |
| 生活区域 | | 房　号 | | 床　号 | |
| 护理等级 | | 入住日期 | | 导向期 | 至 |

| 内　　容 | 工作人员是否介绍 | | 认 识 情 况 | | |
|---|---|---|---|---|---|
| | 是 | 否 | 认识 | 一般 | 不认识 |
| **1. 认识养老机构情况** | | | | | |
| 1.1 养老机构每日起居作息程序 | | | | | |
| 1.2 对院规的了解 | | | | | |
| 1.3 认识养老机构的服务、活动 | | | | | |
| 1.4 熟悉院内环境，包括： | | | | | |
| 1.4.1 厨房位置 | | | | | |
| 1.4.2 餐厅位置 | | | | | |
| 1.4.3 活动室位置 | | | | | |
| 1.4.4 房内设施及使用 | | | | | |
| 1.4.5 运动室设施及使用 | | | | | |
| 1.4.6 养老机构电话号码 | | | | | |
| **2. 认识在院老年人** | | | | | |
| 2.1 同一房间的老年人 | | | | | |
| 2.2 同桌吃饭的老年人 | | | | | |
| 2.3 附近房间的老年人 | | | | | |
| **3. 认识工作人员** | | | | | |
| 3.1 老年人生活区的护理员 | | | | | |

续　表

| | | | | | |
|---|---|---|---|---|---|
| 3.2 社会工作者 | | | | | |
| 3.3 医疗护理中心主任 | | | | | |
| 3.4 护士、医师、康复治疗师 | | | | | |
| 3.5 院长、副院长 | | | | | |
| 3.6 其他：厨师、司机、文员等 | | | | | |
| **4. 认识社区设施** | | | | | |
| 4.1 银行 | | | | | |
| 4.2 街镇人民政府 | | | | | |
| 4.3 邮局 | | | | | |
| 4.4 菜市场 | | | | | |
| 4.5 超市 | | | | | |
| 4.6 饭店 | | | | | |
| 4.7 附近商店 | | | | | |

**5. 老年人对于养老机构生活的意见**

**6. 老年人的整体适应情况(由工作员填写)**

**7. 跟进**

注：本表格在完成入住适应计划表之后完成。请以"√"表示评估结果。

个案评估员签名：____________　完成日期：____________
院评估组负责人签名：________　日　　期：____________

# 第三节　服务需求评估

经过入住适应期，老年人适应了养老机构的生活并决定继续入住养老机构之后，养老机构的照护服务需求评估小组对老年人进行服务需求评估，详细地了解老年人的养老服务需求，并以此为基础为老年人制定个性化的照护服务计划。

## 一、照护服务需求评估小组

照护服务需求评估小组由院内服务管理部门选定，一般由 3 人组成。评估小组成员由医疗服务部(医务部)、生活照料部(护理部)、社工部门工作人员组成。评估小组内自行选定评估小组组长，评估小组组长负责照护服务需求评估服务的实施。

## 二、照护服务需求评估小组的职责

照护服务需求评估小组负责统筹、跟进照护计划的执行情况。评估小组成员需根据临床医疗护理的要求指导工作，保证服务符合行业标准及具有专业操守。评估小组成员需注重团队的合作及沟通，使计划能顺利及有效地实施。

评估小组需收集所有的临床信息以及其他方面的重要信息，如老年人的生理状况、心理状况、认知和身体机能情况、社会交往情况、生活方式、宗教信仰等。评估小组进行评估时还需重视老年人及其家属的共同参与、保障及尊重老年人的知情权和独立自主权利。

## 三、评估流程

（一）由评估小组组长主动与通过养老机构入住适应阶段并确定入住机构的老年人进行沟通，确定评估时间。

（二）评估小组组长通知评估小组成员在规定的时间内实施评估。

（三）评估小组在约定的评估时间实施评估服务。

（四）评估小组成员为老年人进行评估并记录。

（五）评估小组组长整理总结评估结果。

（六）评估应在老年人正式入住前完成。

## 四、评估内容

（一）老年人的生理情况（健康状况、重大疾病等）。

（二）老年人的心理情况（认知、行为、情绪、抑郁等）。

（三）老年人的功能情况（主要为日常生活活动能力情况）。老年人的日常生活活动能力情况包括进食、梳洗、洗澡、洗脚、剪指甲和趾甲、求助、穿衣、如厕、移动、皮肤、视觉、听觉、记忆、定向、理解、表达、行为等。

（四）老年人的社会功能情况。

## 五、评估工具

（一）北京市《老年人多维健康综合评估问卷》

北京市《老年人多维健康综合评估问卷》是北京市对养老机构老年人的身体健康状况进行评估所采用的评估工具，能够全面评估老年人各方面的情况，包括老年人的基本资料、健康史、精神状况、功能（沟通功能、日常活动情况、自我照顾能力、社会功能）评估四大类。

## 老年人多维健康综合评估问卷

### 1. 基本资料

姓名：________ 年龄：________ 身份证号码：__________________

性 别：1. 男 2. 女 民族：1. 汉族 2. 其他________

出生日期：________年____月____日

宗教信仰：1. 无 2. 有(请注明)：____________

文化程度(所完成的最高程度)：
1. 文盲 2. 小学及以下 3. 初中 4. 高中 5. 大学专科 6. 大学本科及以上

婚姻状况：1. 从未结婚 2. 已婚 3. 丧偶 4. 分居 5. 离婚

经济来源：大约￥________元/月
1. 退休金 2. 家人/亲友资助 3. 养老保险 4. 综合社会保障 5. 公共福利金
6. 其他(请注明)：____________

居住情况：1. 独居 2. 与配偶同住 3. 与儿女同住 4. 与亲戚或其他人同住

家庭成员(请在备注中用“△”标出老年人的主要照护者)：

| 姓　名 | 关　系 | 职　业 | 同住与否 | 联系电话 | 备　注 |
|---|---|---|---|---|---|
| | | | | | |
| | | | | | |
| | | | | | |
| | | | | | |
| | | | | | |

＊＊如有紧急/重要事件，请立即联系
联系人：________________________单位：________________________
住址：__________________________联系电话：____________________
其他联系方式：__________________________________________

一般求医处：____________________________________________
医疗费用承担：1. 公费 2. 大病统筹 3. 医疗保险 4. 自费
5. 其他(请注明)：___________

评估状态：1. 首次评估 2. 定期例行评估 3. 出院前评估 4. 病情或其他情况变化

评估者职业：1. 护士 2. 医师 3. 社会工作者 4. 护理员

续 表

| |
|---|
| 资料来源：1. 本人 2. 家人 3. 护理员/家务助理 4. 医疗及其他报告 |
| 资料可信程度：1. 可靠 2. 大部分可靠 3. 不可靠 |

评估人签名：____________

2. 健康史

1）疾病诊断

请在下表内选择服务使用者现在患有的及经医师诊断后需要治疗的疾病。请同时指出该疾病是否正在接受医务人员的治疗或导致老年人在过去 90 天内曾住院治疗（请其提供病历等材料）：

0：没有此病；

1：有此病，但目前没有医务人员（包括社区康复护士、物理或康复治疗师）的检查；

2：有此病，且正在接受医务人员（包括社区康复护士、物理或康复治疗师）的检查。

| 系统疾病 | 诊断 | 系统疾病 | 诊断 |
|---|---|---|---|
| **心脏、循环系统疾病** | | **神经精神系统疾病** | |
| A. 冠心病 | | J. 阿尔茨海默病 | |
| B. 心律失常 | | K. 老年期痴呆（非阿尔茨海默病） | |
| C. 心瓣膜疾病 | | L. 急性脑血管病 | |
| D. 高血压病 | | M. 帕金森病 | |
| E. 肺心病 | | N. 老年性抑郁症 | |
| F. 风湿性心脏病 | | **消化系统疾病** | |
| **呼吸系统疾病** | | O. 消化性溃疡 | |
| G. 支气管哮喘 | | P. 便秘 | |
| H. 慢性支气管炎 | | | |
| I. 慢性阻塞性肺疾病 | | | |

续 表

| 系统疾病 | 诊断 | 系统疾病 | 诊断 |
|---|---|---|---|
| **骨骼/运动系统疾病** | | **其他疾病** | |
| Q. 关节炎 | | a. 病毒性肝炎 | |
| R. 颈椎病 | | b. 肺结核 | |
| S. 股骨颈骨折 | | c. 慢性肾功能衰竭 | |
| T. 退行性骨关节病 | | d. 白内障 | |
| U. 骨质疏松症 | | e. 青光眼 | |
| **代谢和内分泌疾病** | | f. 视网膜脱离 | |
| V. 糖尿病 | | g. 牙周病 | |
| W. 原发性骨质疏松症 | | h. 营养不良 | |
| X. 高脂蛋白血症 | | i. 大疱性类天疱疮 | |
| **泌尿生殖系统疾病** | | | |
| Y. 肾炎或尿路感染 | | | |
| Z. 前列腺肥大 | | | |

2）药物使用

如果老年人正接受药物治疗，请在下面的表格中注明老年人现在正使用的各种药物（包括按时或偶尔服用的药物）及其种类和数目——过去7天内曾服用过的药物，并用"△"标出老年人自备的药物。

| |
|---|
| A. 在过去7天内是否使用精神科药物（镇静剂、安眠药等）：1. 否　2. 是 |
| B. 在过去7天内是否遵从医师的处方：<br>1. 完全遵从　2. 出于合理的原因不完全遵从　3. 不完全遵从　4. 没有用药 |
| C. 对某些药物是否过敏：1. 否　2. 青霉素类　3. 庆大霉素类　4. 磺胺类<br>5. 其他（请注明）：＿＿＿＿＿＿ |
| D. 请填写老年人过去7天内曾服用过的药物，并用"△"标出老年人自备的药物： |

**续　表**

| 序号 | 药物的名称与剂型 | 用法 | 每次用药的数/剂量 | 频率 |
|---|---|---|---|---|
| 1 | | | | |
| 2 | | | | |
| 3 | | | | |
| 4 | | | | |
| 5 | | | | |
| 6 | | | | |
| 7 | | | | |
| 8 | | | | |
| 9 | | | | |
| 10 | | | | |

填表说明：

① 用法按以下编号分类：1(口服)；2(肌肉注射)；3(静脉滴注)；4(静脉注射)；5(舌下含服)；6(肛门给药)；7(皮下注射)；8(外用)；9(吸入)；10(其他)。

② 频率按以下编号分类：PRN(需要时使用)；QH/Q2H/Q4H……(每小时/每 2 小时/每 4 小时……1 次)；QD(每日 1 次)；BID(每日 2 次)；TID(每日 3 次)；QID(每日 4 次)；5D(每日 5 次)；QOD(每 2 日 1 次)；QW(每周 1 次)；O(其他)。

3）特殊治疗/护理程序

请在下表内注明老年人在过去 7 天内所接受的特殊治疗、过程与计划，包括在家或在医院门诊接受的服务。请同时标明老年人对所接受的治疗计划的遵从程度。

| 特殊治疗方案 | 遵从程度 |
|---|---|
| A. 吸氧治疗 | |
| B. 输血 | |
| C. 癌症化学疗法 | |
| D. 透析治疗 | |
| F. 放射疗法 | |

续　表

| 特殊治疗方案 | 遵从程度 |
| --- | --- |
| G. 气管造口治疗/护理 | |
| H. 腹部造口治疗/护理 | |
| I. 针灸、按摩 | |
| J. 物理治疗 | |
| K. 已安装起搏器 | |
| L. 已安装冠状支架/曾行心脏导管射频消融术 | |

0：不适用
1：完全遵守治疗计划
2：部分遵守治疗计划
3：不遵守治疗计划

4）营养与皮肤

| |
| --- |
| A. 在过去30天内，体重下降5%或以上（或在过去180天内，体重下降10%或以上）：1. 否　2. 是 |
| B. 严重营养不良：1. 否　2. 是 |
| C. 病理性肥胖：1. 否　2. 是 |
| D. 在身体任何一处有压力性溃疡：1. 否　2. 是 |
| E. 在身体任何一处有瘀血性溃疡：1. 否　2. 是 |
| F. 其他需要治疗的皮肤病：1. 否　2. 是（请注明）＿＿＿＿＿＿ |

5）其他状况

| |
| --- |
| A. 局部的一处或多处疼痛：1. 否　2. 是 |
| B. 存在跌倒的风险：1. 否　2. 是 |
| C. 过去3天内食物和液体的摄取明显下降：1. 否　2. 是 |
| D. 进食时咀嚼或吞咽有困难：1. 否　2. 是 |

6）生活形态

| |
|---|
| A. 需要特别制订的食谱：1. 否　2. 糖尿病饮食　3. 低盐饮食　4. 低脂饮食　5. 其他(请注明)：__________ |
| B. 有特别的饮食要求：1. 否　2. 戒荤　3. 戒食猪肉　4. 戒油　5. 其他(请注明)：__________ |
| C. 对食物或其他物品过敏：1. 否　2. 花粉　3. 酒精　4. 贝类食品　5. 其他(请注明)：__________ |
| D. 在过去的 90 天内，老年人每天早上起床必须喝酒来舒缓神经，或曾经因喝酒生事：1. 否　2. 是 |

评估人签名：__________

3. 精神状况

这部分评估是评估老年人与环境之间的相处能力，并非精神病学的评估。评估时应当以老年人当时的表现为准。

| | |
|---|---|
| 外表与行为 | 1. 不合时宜的穿着 |
| | 2. 外表污秽、邋遢 |
| | 3. 面部呆板、忧郁或哀伤的表情 |
| | 4. 过多的活动，不安分 |
| | 5. 不自主的运动或不合作 |
| | 6. 接触被动或不合作 |
| | 7. 以上均没有 |
| 言谈与思维 | 1. 言语极少或反复重复 |
| | 2. 说话缺乏逻辑和主题，或逻辑结构混乱 |
| | 3. 存在妄想 |
| | 4. 以上均没有 |
| 感觉与知觉 | 1. 有 1 次以上的幻觉出现 |
| | 2. 对于疼痛和温度的感觉迟钝/过敏 |
| | 3. 皮肤有异常的感觉 |
| | 4. 以上均没有 |

**续 表**

<table>
<tr><td rowspan="6">认知功能</td><td colspan="4">A. 存在意识障碍：1. 否　2. 是</td></tr>
<tr><td rowspan="2">B. 记忆/回想</td><td colspan="2">短期记忆良好(可以回想 5 分钟前发生的事)</td><td>1. 记忆良好<br>2. 有记忆问题</td></tr>
<tr><td colspan="2">程序记忆良好(可以在无提示的情况下完成所有或大部分多元工作,如穿衣、煮食)</td><td>1. 记忆良好<br>2. 有记忆问题</td></tr>
<tr><td colspan="4">C. 对日常生活事务的决定能力：<br>1. 完全自行决定/没有别人参与意见——决定一致且合理<br>2. 在熟悉环境下自行决定——面对新事务的决定有些困难<br>3. 有时决定能力欠佳——在特殊的情况下,需要别人的提示及监督<br>4. 决定能力经常性欠佳——在开展日常事务时需要别人提示及监督<br>5. 从未(或极少)做决定</td></tr>
<tr><td colspan="4">D. 与 90 天前比,老年人的决定能力比以前差：1. 否　2. 是</td></tr>
<tr style="display:none"></tr>
<tr><td rowspan="6">情绪与行为类型</td><td colspan="4">A. 忧虑——焦虑或哀伤的症状(观察所得的症状,不论症状行为的可疑成因)：<br>1. 在过去 3 天内,症状没有出现<br>2. 在过去 3 天内,症状出现过 1～2 天<br>3. 在过去 3 天内,症状每天都有出现</td></tr>
<tr><td colspan="4">B. 情绪低落——与 90 天前(或上次评估时)比较,老年人的情绪有更低落的现象：1. 否　2. 是</td></tr>
<tr><td>C. 异常的行为症状①：</td><td>1. 在过去 3 天内没有出现</td><td>2. 出现过,但容易改正</td><td>3. 出现过,不容易改正</td></tr>
<tr><td>游荡：无目的地移动,似乎不顾自身的需要或安全</td><td></td><td></td><td></td></tr>
<tr><td>言语上的粗暴行为：用言语威胁他人、尖叫、咒骂别人</td><td></td><td></td><td></td></tr>
<tr><td>行为上的粗暴行为：打人、推人、性侵犯</td><td></td><td></td><td></td></tr>
</table>

① 在最近的一段时间内,老年人是否出现/存在异常的行为,包括破坏性的、有违社会规范的以及无目的的行为。如果出现这些行为症状,它们是否容易改正。

续　表

| | | | | |
|---|---|---|---|---|
| 情绪与行为类型 | 社交上不恰当/有破坏性的行为：制造噪声、无故尖叫、自我虐待、无视社会公德、偷他人物品、过早起床以致打扰别人 | | | |
| | 拒绝接受照护：拒绝吃药、打针及 ADL 之协助 | | | |
| | 多疑：经常怀疑，疑心重 | | | |
| | D. 行为症状变化——与 90 天前比较，老年人的行为症状或家人的忍受程度比以前差：1. 否　2. 是 | | | |
| | E. 昏乱症指征——在过去 7 天内，精神状态出现突变（包括集中精力的能力，对周围环境的觉察能力，思维、精神状态随着每天的事务起伏）：1. 否　2. 是 | | | |
| 伤人或自伤 | A. 存在自杀或自伤的风险：　1. 否　2. 是 | | | |
| | B. 存在侵犯别人的风险：　1. 否　2. 是 | | | |

评估人签名：____________

4. 功能评估

| | | |
|---|---|---|
| 沟通功能 | 佩戴眼镜：1. 否　2. 是 | 佩戴助听器：1. 否　2. 是 |
| | A. 听力（如有助听器，以使用后的听力为准）：<br>1. 听力正常——可正常交流，听到电视、电话、门铃<br>2. 轻微困难——不在安静的环境中存在困难<br>3. 只在特殊情况下才能听见——说话者必须发音清晰及调节音量和音调<br>4. 听力严重不健全——缺乏听觉能力 | |
| | B. 自我表达能力（以任何方式表达意思）：<br>1. 完全能够明白<br>2. 通常能够明白——用字或思维有困难，但如给予时间，则不需要别人提示<br>3. 一般能够明白——用词或思维有困难，需要别人提示<br>4. 有时能够明白——只能表达具体的要求<br>5. 从未或极难明白 | |

**续　表**

| | |
|---|---|
| 沟通功能 | C. 理解能力(以任何方式理解言语)：<br>1. 完全能够理解<br>2. 通常能够理解——可能漏解部分信息内容，但如给予时间，则不需要别人提示<br>3. 一般能够理解——可能漏解部分信息内容，需要旁人提示<br>4. 有时能够理解——对一些简单直接的沟通能做出适当的反应<br>5. 从未或极难理解 |
| | D. 视力(如佩戴眼镜，以充足光线下戴着眼镜的表现为准)：<br>1. 良好<br>2. 轻微不健全——能看清楚大字体，但看不清报纸上的标准字体<br>3. 中度不健全——视力有限，无法看清报纸标题，但能够辨识物体<br>4. 高度不健全——辨识物体有困难，但眼睛能跟随物体移动<br>5. 严重不健全——没有视力或只有光感；眼睛不会跟随物体移动 |
| | E. 视力限制/困难——看灯时出现光环或光晕，眼前有遮蔽物或闪光：1. 否　2. 是 |
| | F. 视力减退——与90天前相比，老年人的视力有减退：1. 否　2. 是 |
| | G. 若老年人无法说话，请注明与其沟通的方法和有效程度：<br>方法：____________________<br>有效程度：1. 有效　2. 部分有效　3. 无效 |
| 日常活动情况 | A. 移动(步行)：<br>1. 正常环境下可以独立完成<br>2. 只能在室内或平坦地面行走<br>3. 需要间歇或少量帮助<br>4. 依赖别人或辅助器具，请说明辅具类型：______________ |
| | B. 位置转移：<br>1. 能独立完成　2. 需要指导<br>3. 需要少量帮助　4. 依赖别人协助 |
| | C. 洗澡：<br>1. 能独立完成　2. 需要指导<br>3. 需要少量帮助　4. 依赖别人协助 |
| | D. 穿衣：<br>1. 能独立完成　2. 需要指导穿衣或选取衣物<br>3. 需要少量帮助　4. 依赖别人协助 |

**续　表**

| | |
|---|---|
| 日常活动情况 | E. 个人卫生：<br>1. 能独立完成　　2. 需要指导<br>3. 需要少量帮助　　4. 完全需要协助 |
| | F. 进食：<br>1. 能独立完成<br>2. 使用辅助设施可以独立完成<br>3. 需要少量帮助<br>4. 需要喂食 |
| | G. 小便：<br>1. 正常排泄　　2. 需定时如厕或提示<br>3. 失禁，每日小于等于 1 次　　4. 失禁，每日多于 1 次 |
| | H. 大便：<br>1. 正常排泄　　2. 需定时如厕或提示<br>3. 失禁，每日小于等于 1 次　　4. 失禁，每日多于 1 次 |
| 自我照顾能力 | A. 预备膳食：<br>1. 能自行处理　　2. 若提供材料能自行处理<br>3. 可准备或自购食物但食物不合适　　4. 身体或精神上不能处理 |
| | B. 料理家务：<br>1. 能自行处理，但粗重家务需协助　　2. 只能处理轻巧的家务<br>3. 处理轻巧的家务也不理想　　4. 需别人定期协助及指导 |
| | C. 购物：<br>1. 能自行购物　　2. 只能购买一些日常用品<br>3. 需别人陪同　　4. 身体或精神上不能处理 |
| | D. 外出：<br>1. 能自行外出<br>2. 可外出，但不便使用公共交通工具<br>3. 需别人陪同<br>4. 身体或精神上不能处理 |
| | E. 使用电话：<br>1. 能自行处理　　2. 只能拨打熟悉的号码<br>3. 需别人陪同　　4. 身体或精神上不能处理 |
| | F. 药物治疗：<br>1. 能自行处理　　2. 需提醒或少许协助<br>3. 若每次预先准备能自行处理　　4. 身体或精神上不能处理 |

续 表

| | | |
|---|---|---|
| 自我照顾能力 | G. 洗衣服：<br>1. 能自行处理　2. 若提供材料能自行处理<br>3. 若每次预先准备能自行处理　4. 身体或精神上不能处理 | |
| | H. 理财：<br>1. 能自行处理　2. 若提供材料能自行处理<br>3. 若每次预先准备能自行处理　4. 身体或精神上不能处理 | |
| 社会功能 | 参与感 | A. 能轻松地与他人相处(喜欢与他人在一起)：1. 否　2. 是 |
| | | B. 与家人/朋友公开发生争执或发怒：1. 否　2. 是 |
| | 疏离感 | A. 老年人每天独处的时间：<br>1. 没有或很少　2. 约 1 小时<br>3. 长时间，如整个上午　4. 所有时间 |
| | | B. 老年人自称或出现孤独的现象：1. 否　2. 是 |
| | 社会活动上的改变 | 老年人最近参与社会活动或其他活动的程度有所下降，如有下降，老年人自己是否感到沮丧：<br>1. 没有下降　2. 有下降，但没有沮丧　3. 有下降，有沮丧 |

评估人签名：____________

5. 老年人健康状况摘要

健康资料回顾：

实验室和特殊检查阳性结果：

**续　表**

| |
|---|
| 健康状况指征：<br>1. 老年人自觉身体不健康<br>2. 患有疾病使认知能力、自我照顾能力下降，情绪或行为异常<br>3. 病情或慢性病加重<br>4. 病情严重，处于十分虚弱的状态<br>5. 以上都没有 |
| 评估者印象：<br>Ⅰ. 总体健康：1. 良好　2. 受损　3. 堪忧<br>Ⅱ. 自理能力：1. 完好　2. 部分存在　3. 缺如<br>Ⅲ. 精神状况：1. 良好　2. 受损　3. 堪忧<br>Ⅳ. 决定能力：1. 完好　2. 部分存在　3. 缺如 |
| 处理意见：<br>1. 健康状况较佳，常规处置<br>2. 部分评估资料不清，需由专业人员进一步评估/处理<br>3. 健康状况堪忧，需立即交由医师/相关部门评估/处理<br>4. 其他处理意见：<br>____________________<br>____________________<br>____________________ |

评估人签名：__________

（二）国家卫生健康委员会发布的相关表格

国家卫生健康委员会在2019年发布了《关于开展老年护理需求评估和规范服务工作的通知》（国卫医发〔2019〕48号），随文发布了《老年人能力评估标准表（试行）》（包括老年人日常生活活动能力、精神状态与社会参与能力、感知觉与沟通能力评分情况，见附件1）、《老年综合征罹患情况（试行）》（见附件2）、《护理需求等级评定表（试行）》（见附件3）、《护理服务需求评定表（试行）》（见附件4）。以下附件供读者参考。

## 附件 1

### 老年人能力评估标准表(试行)

| 日常生活活动能力 | 精神状态与社会参与能力 | | | | 感知觉与沟通能力 | | | |
|---|---|---|---|---|---|---|---|---|
| | 0分 | 1～8分 | 9～24分 | 25～40分 | 0分 | 1～4分 | 5～8分 | 9～12分 |
| 0分 | 完好 | 完好 | 轻度受损 | 轻度受损 | 完好 | 完好 | 轻度受损 | 轻度受损 |
| 1～20分 | 轻度受损 | 轻度受损 | 中度受损 | 中度受损 | 轻度受损 | 轻度受损 | 中度受损 | 中度受损 |
| 21～40分 | 中度受损 | 中度受损 | 中度受损 | 重度受损 | 中度受损 | 中度受损 | 中度受损 | 重度受损 |
| 41～60分 | 重度受损 | 重度受损 | 重度受损 | 重度受损 | 重度受损 | 重度受损 | 重度受损 | 重度受损 |

说明：

1. 本表根据《WHO国际功能、残疾和健康分类(ICF)》《日常生活活动能力评分量表(ADLs)》《工具性日常生活活动能力量表(IADLs)》《简易智能精神状态检查表(MMSE)》《临床失智评估量表(CDR)》《Bathel指数评定量表》《护理分级》《老年人能力评估》等，结合我国老年人护理特点和部分省市地方实践经验制定。

2. 根据对老年人日常生活活动能力、精神状态与社会参与能力、感知觉与沟通能力3个维度评估的评分情况，将老年人能力评定为4个等级，即完好、轻度受损、中度受损、重度受损。

3. 老年人日常生活活动能力、精神状态与社会参与能力、感知觉与沟通能力评分表分别见附表1、附表2和附表3。

4. 先根据日常生活活动能力的得分情况确定区间，再分别结合精神状态与社会参与能力以及感知觉与沟通能力的得分情况确定老年人的能力等级，以最严重的老年人能力等级为准。

### 附表1　老年人日常生活活动能力评分表

| 评估项目 | 具体评价指标及分值 | 分　值 |
|---|---|---|
| 1. 卧位状态左右翻身 | 0分　不需要帮助 | |
| | 1分　在他人的语言指导下或照看下能够完成 | |
| | 2分　需要他人动手帮助，但以自身完成为主 | |
| | 3分　主要靠帮助，自身只是配合 | |
| | 4分　完全需要帮助，或更严重的情况 | |

续　表

| 评估项目 | 具体评价指标及分值 | 分　值 |
|---|---|---|
| 2. 床椅转移 | 0分　个体可以独立地完成床椅转移 | |
| | 1分　个体在床椅转移时需要他人监控或指导 | |
| | 2分　个体在床椅转移时需要他人少量接触式帮助 | |
| | 3分　个体在床椅转移时需要他人大量接触式帮助 | |
| | 4分　个体在床椅转移时完全依赖他人 | |
| 3. 平地步行 | 0分　个体能独立平地步行50米左右，且无摔倒风险 | |
| | 1分　个体能独立平地步行50米左右，但存在摔倒风险，需要他人监控，或使用拐杖、助行器等辅助工具 | |
| | 2分　个体在步行时需要他人少量扶持帮助 | |
| | 3分　个体在步行时需要他人大量扶持帮助 | |
| | 4分　无法步行，完全依赖他人 | |
| 4. 非步行移动 | 0分　个体能够独立地使用轮椅（或电动车）从A地移动到B地 | |
| | 1分　个体使用轮椅（或电动车）从A地移动到B地时需要监护或指导 | |
| | 2分　个体使用轮椅（或电动车）从A地移动到B地时需要少量接触式帮助 | |
| | 3分　个体使用轮椅（或电动车）从A地移动到B地时需要大量接触式帮助 | |
| | 4分　个体使用轮椅（或电动车）时完全依赖他人 | |
| 5. 活动耐力 | 0分　正常完成日常活动，无疲劳 | |
| | 1分　正常完成日常活动轻度费力，有疲劳感 | |
| | 2分　完成日常活动比较费力，经常疲劳 | |
| | 3分　完成日常活动十分费力，绝大多数时候都很疲劳 | |
| | 4分　不能完成日常活动，极易疲劳 | |

续 表

| 评估项目 | 具体评价指标及分值 | 分 值 |
|---|---|---|
| 6. 上下楼梯 | 1分　在他人的语言指导下或照看下能够完成 | |
| | 2分　需要他人动手帮助，但以自身完成为主 | |
| | 3分　主要靠帮助，自身只是配合 | |
| | 4分　完全需要帮助，或更严重的情况 | |
| 7. 食物摄取 | 0分　不需要帮助 | |
| | 1分　在他人的语言指导下或照看下能够完成 | |
| | 2分　使用餐具有些困难，但以自身完成为主 | |
| | 3分　需要喂食，喂食量超过一半 | |
| | 4分　完全需要帮助，或更严重的情况 | |
| 8. 修饰：包括刷牙、漱口、洗脸、洗手、梳头 | 0分　不需要帮助 | |
| | 1分　在他人的语言指导下或照看下能够完成 | |
| | 2分　需要他人动手帮助，但以自身完成为主 | |
| | 3分　主要靠帮助，自身只是配合 | |
| | 4分　完全需要帮助，或更严重的情况 | |
| 9. 穿/脱上衣 | 0分　不需要帮助 | |
| | 1分　在他人的语言指导下或照看下能够完成 | |
| | 2分　需要他人动手帮助，但以自身完成为主 | |
| | 3分　主要靠帮助，自身只是配合 | |
| | 4分　完全需要帮助，或更严重的情况 | |
| 10. 穿/脱裤子 | 0分　不需要帮助 | |
| | 1分　在他人的语言指导下或照看下能够完成 | |
| | 2分　需要他人动手帮助，但以自身完成为主 | |
| | 3分　主要靠帮助，自身只是配合 | |
| | 4分　完全需要帮助，或更严重的情况 | |

**续　表**

| 评估项目 | 具体评价指标及分值 | 分　值 |
|---|---|---|
| 11. 身体清洁 | 0分　不需要帮助 | |
| | 1分　在他人的语言指导下或照看下能够完成 | |
| | 2分　需要他人动手帮助,但以自身完成为主 | |
| | 3分　主要靠帮助,自身只是配合 | |
| | 4分　完全需要帮助,或更严重的情况 | |
| 12. 使用厕所 | 0分　不需要帮助 | |
| | 1分　在他人的语言指导下或照看下能够完成 | |
| | 2分　需要他人动手帮助,但以自身完成为主 | |
| | 3分　主要靠帮助,自身只是配合 | |
| | 4分　完全需要帮助,或更严重的情况 | |
| 13. 小便控制 | 0分　每次都不失控 | |
| | 1分　每月失控1～3次 | |
| | 2分　每周失控1次左右 | |
| | 3分　每天失控1次左右 | |
| | 4分　每次都失控 | |
| 14. 大便控制 | 0分　每次都不失控 | |
| | 1分　每月失控1～3次 | |
| | 2分　每周失控1次左右 | |
| | 3分　每天失控1次左右 | |
| | 4分　每次都失控 | |
| 15. 服用药物 | 0分　能自己负责在正确的时间服用正确的药物 | |
| | 1分　在他人的语言指导下或照看下能够完成 | |
| | 2分　如果事先准备好服用的药物分量,可自行服药 | |
| | 3分　主要依靠帮助服药 | |
| | 4分　完全不能自行服用药物 | |
| 上述评估项目总分为60分,本次评估得分为 ________ 分 | | |

**附表 2　精神状态与社会参与能力评分表**

| 评估项目 | 具体评价指标及分值 | 分　值 |
|---|---|---|
| 1. 时间定向 | 0 分　时间观念(年、月、日、时)清楚 | |
| | 1 分　时间观念有些下降,年、月、日清楚,但有时相差几天 | |
| | 2 分　时间观念较差,年、月、日不清楚,可知上半年或下半年 | |
| | 3 分　时间观念很差,年、月、日不清楚,可知上午或下午 | |
| | 5 分　无时间观念 | |
| 2. 空间定向 | 0 分　可单独出远门,能很快掌握新环境的方位 | |
| | 1 分　可单独来往于近街,知道现住地的名称和方位,但不知回家路线 | |
| | 2 分　只能单独在家附近行动,对现住地只知名称,不知方位 | |
| | 3 分　只能在左邻右舍间串门,对现住地不知名称和方位 | |
| | 5 分　不能单独外出 | |
| 3. 人物定向 | 0 分　知道周围人们的关系,知道祖孙、叔伯、姑姨、侄子侄女等称谓的意义;可分辨陌生人的大致年龄和身份,可用适当称呼 | |
| | 1 分　只知家中亲密近亲的关系,不会分辨陌生人的大致年龄,不能称呼陌生人 | |
| | 2 分　只能称呼家中人,或只能照样称呼,不知其关系,不辨辈分 | |
| | 3 分　只认识经常同住的亲人,可称呼子女或孙子女,可辨熟人和生人 | |
| | 5 分　只认识保护人,不辨熟人和生人 | |
| 4. 记忆 | 0 分　总是能够保持与社会、年龄所适应的长、短时记忆,能够完整地回忆 | |
| | 1 分　出现轻度的记忆紊乱或回忆不能(不能回忆即时信息,3 个词语经过 5 分钟后仅能回忆 0～1 个) | |

续　表

| 评估项目 | 具体评价指标及分值 | 分　值 |
|---|---|---|
| 4. 记忆 | 2分　出现中度的记忆紊乱或回忆不能(不能回忆近期记忆,不记得上一顿饭吃了什么) | |
| | 3分　出现重度的记忆紊乱或回忆不能(不能回忆远期记忆,不记得自己的老朋友) | |
| | 5分　记忆完全紊乱或完全不能对既往事物进行正确的回忆 | |
| 5. 攻击行为 | 0分　没出现 | |
| | 1分　每月出现一两次 | |
| | 2分　每周出现一两次 | |
| | 3分　过去3天里出现过一两次 | |
| | 5分　过去3天里天天出现 | |
| 6. 抑郁症状 | 0分　没出现 | |
| | 1分　每月出现一两次 | |
| | 2分　每周出现一两次 | |
| | 3分　过去3天里出现过一两次 | |
| | 5分　过去3天里天天出现 | |
| 7. 强迫行为 | 0分　无强迫症状(如反复洗手、关门、上厕所等) | |
| | 1分　每月有1～2次强迫行为 | |
| | 2分　每周有1～2次强迫行为 | |
| | 3分　过去3天里出现过一两次 | |
| | 5分　过去3天里天天出现 | |
| 8. 财务管理 | 0分　金钱的管理、支配、使用,能独立完成 | |
| | 1分　因担心算错,每月管理约1 000元 | |
| | 2分　因担心算错,每月管理约300元 | |
| | 3分　接触金钱机会少,主要由家属代管 | |
| | 5分　完全不接触金钱等 | |
| 上述评估项目总分为40分,本次评估得分为 ________分 | | |

**附表 3　感知觉与沟通能力评分表**

| 评估项目 | 具体评价指标及分值 | 分　值 |
| --- | --- | --- |
| 1. 意识水平 | 0 分　神志清醒,对周围环境警觉 | |
| | 1 分　嗜睡,表现为睡眠状态过度延长。当呼唤或推动其肢体时可唤醒,并能进行正确的交谈或执行指令,停止刺激后又继续入睡 | |
| | 2 分　昏睡,一般的外界刺激不能使其觉醒,给予较强烈的刺激时可有短时的意识清醒,醒后可简短回答提问,当刺激减弱后又很快进入睡眠状态 | |
| | 3 分　昏迷,处于浅昏迷时对疼痛刺激有回避和痛苦表情;处于深昏迷时对刺激无反应(若评定为昏迷,直接评定为重度失能,可不进行以下项目的评估) | |
| 2. 视力(若平日戴老花镜或近视镜,应在佩戴眼镜的情况下评估) | 0 分　视力完好,能看清书报上的标准字体 | |
| | 1 分　视力有限,看不清报纸上的标准字体,但能辨认物体 | |
| | 2 分　辨认物体有困难,但眼睛能跟随物体移动,只能看到光、颜色和形状 | |
| | 3 分　没有视力,眼睛不能跟随物体移动 | |
| 3. 听力(若平时佩戴助听器,应在佩戴助听器的情况下评估) | 0 分　可正常交谈,能听到电视、电话、门铃的声音 | |
| | 1 分　在轻声说话或说话距离超过 2 米时听不清 | |
| | 2 分　正常交流有些困难,需在安静的环境中、大声说话或语速很慢时才能听到 | |
| | 3 分　完全听不见 | |
| 4. 沟通交流(包括非语言沟通) | 0 分　无困难,能与他人正常沟通和交流 | |
| | 1 分　能够表达自己的需要或理解别人的话,但需要增加时间或给予帮助 | |
| | 2 分　勉强可与人交往,谈吐内容不清楚,表情不恰当 | |
| | 3 分　不能表达需要或理解他人的话 | |
| 上述评估项目总分为 12 分,本次评估得分为 ________ 分 | | |

## 附件 2

### 老年综合征罹患情况(试行)

请判断老年人是否存在以下老年综合征：

| | |
|---|---|
| 1. 跌倒(30 天内) | □无　□有 |
| 2. 谵妄(30 天内) | □无　□有 |
| 3. 慢性疼痛 | □无　□有 |
| 4. 老年帕金森综合征 | □无　□有 |
| 5. 抑郁症 | □无　□有 |
| 6. 晕厥(30 天内) | □无　□有 |
| 7. 多重用药 | □无　□有 |
| 8. 痴呆 | □无　□有 |
| 9. 失眠症 | □无　□有 |
| 10. 尿失禁 | □无　□有 |
| 11. 压力性损伤 | □无　□有 |
| 12. 其他(请补充)： | |

## 附件 3

### 护理需求等级评定表(试行)

| 护理需求等级 | 维　　度 | |
|---|---|---|
| | 老年人能力分级 | 老年综合征罹患项数 |
| 0 级(能力完好) | 完好 | 1～2 项 |
| 1 级(轻度失能) | 完好 | 3～5 项 |
| | 轻度受损 | 1～2 项 |
| 2 级(中度失能) | 轻度受损 | 3～5 项 |
| | 中度受损 | 1～2 项 |
| 3 级(重度失能) | 中度受损 | 3～5 项 |
| | 重度受损 | 1～2 项 |
| 4 级(极重度失能) | 重度受损 | 3～5 项 |
| | / | 5 项及以上 |

说明：根据老年人能力分级和老年综合征罹患项数两个维度的评估情况，将护理需求等级分为 5 个等级，即 0 级(能力完好)、1 级(轻度失能)、2 级(中度失能)、3 级(重度失能)、4 级(极重度失能)。

**附件 4**

## 护理服务需求评定表(试行)

**一、申请人基本信息**

<table>
<tr><td>申请人姓名</td><td></td><td>性别</td><td></td><td>出生日期</td><td></td><td>年龄</td><td>岁</td></tr>
<tr><td>身份证号码</td><td colspan="4"></td><td>手机号码</td><td colspan="2"></td></tr>
<tr><td>户籍所在地</td><td colspan="7">区(县)　街(镇)　村(居)</td></tr>
<tr><td>居住地址</td><td colspan="7">区(县)　街(镇)　村(居)　路　号　室</td></tr>
<tr><td>婚姻状况</td><td colspan="7">□未婚　□已婚　□丧偶　□离婚</td></tr>
<tr><td>居住情况</td><td colspan="7">□与子女同住　□与亲友同住　□孤寡　□独居　□与配偶同住</td></tr>
<tr><td>代理人姓名</td><td colspan="4"></td><td>与申请人关系</td><td colspan="2"></td></tr>
<tr><td>代理人居住地址</td><td colspan="7">区(县)　街(镇)　村(居)　路　号　室</td></tr>
<tr><td>代理人电话</td><td colspan="7"></td></tr>
</table>

**二、评估情况**

<table>
<tr><td>评估类型</td><td>□首次评估　□重复评估</td><td>本次评估时间</td><td>年　月　日</td></tr>
<tr><td>老年人能力等级</td><td colspan="3">□完好　□轻度受损　□中度受损　□重度受损</td></tr>
<tr><td>老年综合征罹患项数</td><td colspan="3"></td></tr>
</table>

**三、评估结果**

<table>
<tr><td>护理需求等级</td><td>□0 级(能力完好)　□1 级(轻度失能)<br>□2 级(中度失能)　□3 级(重度失能)<br>□4 级(极重度失能)<br>签名(盖章):　年　月　日</td></tr>
<tr><td colspan="2">评估人员签字:　年　月　日</td></tr>
<tr><td colspan="2">评估机构意见:　□同意　□不同意<br>签名(盖章):　年　月　日</td></tr>
</table>

说明:本表由评估机构填写。

# 第四节 制定个案照护计划

## 一、制定个案照护计划的原则

（一）每位老年人均应有个案照护计划。

（二）个案照护计划的制定必须有老年人及老年人家属的参与。

（三）个案照护计划的制定必须考虑到老年人的隐私、自主权、尊严、独立、权益和安全等方面。

（四）机构应设立个案管理系统，个案管理系统由个案管理师专门负责。

## 二、制定个案照护计划的流程

（一）评估小组组长负责召集各业务部门人员依据老年人服务需求评估结果（样表见上一节）及确认过的《首次服务项目确认表》（见本节后附件 4）制定个案照护计划。

（二）经过评估小组、老年人（家属或监护人）双方共同商议，对个案照护计划提出修改意见。

（三）评估小组组长结合修改意见，修改个案照护计划。

（四）评估小组组长、老年人（家属或监护人）双方在《老年人个案照护计划》上签名同意后方可实施个案照护计划。

（五）若计划未通过评定或有一方未同意实施计划，应尽快修改计划；修改计划期间，老年人的照护服务按适应阶段的服务计划实施。

制定个案照护计划的具体流程见图 2－1。

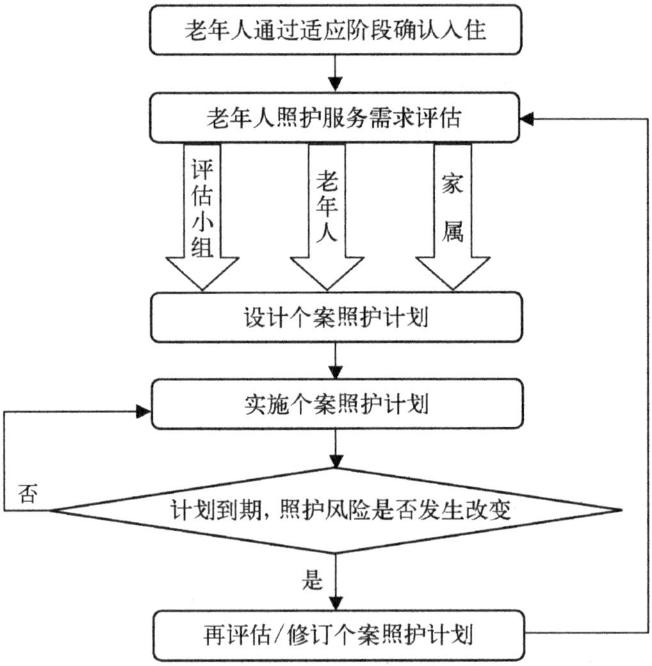


**图 2-1　老年人个案照护计划制定流程图**

## 三、制定个案照护计划的内容

个案照护计划的内容一般包括日常生活照护、认知能力照护、健康状况照护和个案照护计划跟进（见附件 3）等，主要涵盖老年人需要照护的主要问题、采取的具体服务措施、服务的时间频次、预期的服务目标等。

以下附件展示了两种个案照护计划样表（见附件 1 和附件 2），养老机构可根据自己的实际情况进行编制。

**附件 1**

## 养老机构个案照护计划表(一)

生活区域：＿＿＿＿＿＿　房号：＿＿＿＿＿＿　床号：＿＿＿＿
老年人姓名：＿＿＿＿＿　性别：＿＿＿＿＿＿　年龄：＿＿＿＿
护理等级：＿＿＿＿＿＿　入住日期：＿＿＿＿

注：附《日常生活照护计划表》《认知能力照护计划表》《健康状况照护计划表》。

### 日常生活照护计划表

| 项目 | 内　容 | 服务要求 |
|---|---|---|
| 进食 | 1. 进食正常餐＋饭<br>2. 进食特别餐＋饭＋粥<br>3. 留意胃口及记录进食情况<br>4. 鼻饲管喂饲，每＿＿周更换一次鼻饲管<br>5. 协助进食<br>6. 其他 | 1. 进食前首先喝一定量的汤<br>2. 劝导自立进食一般食品，尽量进行咀嚼<br>3. 了解老年人的喜好<br>4. 根据老年人的病情制订相应的营养食谱<br>5. 养成集体进食的餐饮习惯<br>6. 在符合老年人饮食习惯的前提下调整食物的状态<br>7. 食物摄入量的监护<br>8. 记录餐饮状况 |
| 个人卫生 | 1. 监察/协助洗脸、洗脚、梳头、刷牙<br>2. 监察/协助洗澡，每周＿＿次<br>3. 监察/协助洗头，每周＿＿次<br>4. 监察/协助剃须，每周＿＿次<br>5. 监察/协助剪指/趾甲，每＿＿周一次<br>6. 监察/协助假牙护理及清洁<br>7. 其他 | 1. 劝导自行洗脸、头发梳理<br>2. 每天两餐以上的餐饮后必须进行口腔护理<br>3. 争取每天淋浴，水温控制在38～40℃，沐浴时间不宜过长<br>4. 浴后必须进行水分补充 |
| 皮肤 | 1. 观察皮肤情况，尤其是受压部位/水肿情况，给予气垫床垫/气垫坐垫/其他：＿＿＿<br>2. 伤口护理，伤口位置＿＿＿，每天＿＿次，用＿＿＿清洗伤口<br>3. 其他 | 1. 室内湿度维持在60%以上，室温维持在24～25℃<br>2. 保持皮肤舒适和干爽<br>3. 护理时动作要轻柔小心<br>4. 卧床老年人每2小时翻一次身 |
| 穿衣 | 1. 监察/协助穿上/下衣<br>2. 监察/协助穿鞋袜<br>3. 其他 | 1. 每天的衣着应符合生活和外出的需要<br>2. 实施监护和部分介助 |

续　表

| 项目 | 内　　容 | 服 务 要 求 |
| --- | --- | --- |
| 排泄 | 1. 记录出入量及次数<br>小便：____次　大便：____次<br>2. 协助使用便盆/便壶/坐便椅<br>3. 使用纸尿片，日间/夜间/有需要时<br>4. 如厕训练/失禁护理<br>5. 使用自留导尿管，每____周更换一次<br>6. 使用肛袋，每____天更换一次<br>7. 其他 | 1. 养成老年人便意、尿意的提示习惯<br>2. 让老年人尽量自己进行坐便椅的转乘<br>3. 实施排泄介护记录 |
| 移动 | 1. 监察/协助行走<br>2. 使用轮椅/助行器/手杖行走<br>3. 协助完成床、椅、轮椅间的转移<br>4. 协助/被动完成体位的变化，每____小时一次<br>5. 其他 | 1. 尽量自立实施，晚间每 2 小时一次<br>2. 在确认安全的前提下尽量发挥老年人的残存机能<br>3. 实施监护、部分介助<br>4. 步行器的使用；对长距离移动实施监护 |

**认知能力照护计划表**

| 项　目 | 内　　容 | 服务要求 |
| --- | --- | --- |
| 记忆 | 1. 标识认知训练<br>2. 个人用品放置训练<br>3. 建立书面备忘录<br>4. 其他：____________ | |
| 视觉 | 1. 环境认知训练<br>2. 室内障碍物清除<br>3. 床单元物品固定摆放<br>4. 其他：____________ | |
| 听觉 | 1. 需在耳边大声说话<br>2. 需面对面看着口唇说话<br>3. 需用手势协助说话<br>4. 以书写代替说话<br>5. 其他：____________ | |

续　表

| 项　目 | 内　　容 | 服务要求 |
|---|---|---|
| 理解 | 1. 选择简单易懂、直截了当的语言<br>2. 一次只表达一个意思<br>3. 如老年人不明白说话者的意思，就改变措辞再次表达<br>4. 用手势和身体语言辅助表达意思<br>5. 其他：____________ | |
| 表达 | 1.（语言含糊）需重复其可能表达的意思，直至得到确认<br>2. 不能用语言表达，需根据状况猜测其意思，直至确认<br>3. 不能正确表达，由工作人员根据状况判断其需求<br>4. 其他：____________ | |
| 躯体活动 | 1. 使用床护栏<br>2. 使用约束带<br>3. 使用防护手套<br>4. 限制活动区域<br>5. 行为监护<br>6. 其他：____________ | |

**健康状况照护计划表**

| 项　目 | 护　理　计　划 | 服务要求 |
|---|---|---|
| 生命体征 | 1. 测量血压，每月/周/日________次<br>2. 测量脉搏/心跳，每月/周/日________次<br>3. 测量体温，每周/日________次（有需要时________不定期测量________）<br>4. 观察呼吸及缺氧情况，每日________次（有需要时________每隔一段时间测量________）<br>5. 其他：____________ | |
| 指标观察 | 1. 检测尿糖，每月/周/日________次<br>2. 检测血糖，每月/周/日________次<br>3. 测量体重，每月/周/日________次<br>4. 其他：____________ | |
| 委托发药 | 1. 服药自理<br>2. 监视服药<br>3. 协助服药<br>4. 喂药<br>5. 其他：____________ | |

个案评估员签名：____________完成日期：____________

**附件 2**

## 养老机构个案照护计划表(二)

**一、个案基本信息**

姓名：______ 性别：______ 年龄：______ 生活区域：______
房号：______ 床号：______ 入住时间：______ 护理等级：______

**二、个案评估情况**

| 评估模块 | 评估结论 |
| --- | --- |
| 日常生活能力情况 | 签名： 日期：<br>(由评估小组中护理部工作人员负责) |
| 心理/认知能力情况 | 签名： 日期：<br>(由评估小组中医务部工作人员负责) |
| 健康情况 | 签名： 日期：<br>(由评估小组中医务部工作人员负责) |

**三、个案照护目标**

| 目标模块 | 目标时间段 | 目标内容 |
| --- | --- | --- |
| 日常生活照护目标 | 年 月 日—<br>年 月 日 | 签名： 日期：<br>(由评估小组中护理部工作人员负责) |

续　表

| | | |
|---|---|---|
| 心理/认知能力照护目标 | 年　月　日—<br>年　月　日 | 签名：　　　　日期：<br>（由评估小组中医务部工作人员负责） |
| 健康情况照护目标 | 年　月　日—<br>年　月　日 | 签名：　　　　日期：<br>（由评估小组中医务部工作人员负责） |

**四、照护服务计划**

| 计划模块 | 计划内容 | | 服务要求 |
|---|---|---|---|
| 日常生活照护计划 | 进食 | | |
| | 个人卫生 | | |
| | 皮肤护理 | | |
| | 穿/脱衣 | | |
| | 排泄 | | |
| | 移动 | | |
| | 其他 | | |

续 表

| | | | |
|---|---|---|---|
| 心理/认知功能照护计划 | 记忆 | | |
| | 视觉 | | |
| | 听觉 | | |
| | 理解 | | |
| | 表达 | | |
| | 躯体活动 | | |
| | 其他 | | |
| **计划模块** | **计划内容** | | **服务要求** |
| 健康状况照护计划 | 生命体征 | | |
| | 指标观察 | | |
| | 委托发药 | | |
| | 中医健康管理服务 | | |

评估小组组长签名：____________

起始日期：____________ 失效日期：____________

家属签名：____________ 日　　期：____________

**附件 3**

**个案照护计划表(跟进目标及方法)**

| | |
|---|---|
| 基本资料 | |
| 背景资料 | |
| 分析服务模式 | |
| 工作目标 | |
| 服务过程与计划 | |
| 成效评估 | |

个案评估员签名：________________　完成日期：______________
院评估小组负责人签名：________　日　　期：______________
家属意见：________________________　家属签名：______________

## 附件 4

### 首次服务项目确认表

<table>
<tr><td>姓名</td><td></td><td>性别</td><td></td><td>出生年月</td><td></td></tr>
<tr><td>入住区域</td><td></td><td>床号</td><td></td><td colspan="2">照护等级＿＿＿＿＿<br>评估日期＿＿＿＿＿</td></tr>
<tr><td>服务项目</td><td colspan="4">服　务　内　容</td><td>合　计</td></tr>
<tr><td>进食</td><td colspan="4">A. 喂食□　B. 饮水□　C. 食物切碎或搅拌□</td><td>提供＿＿项服务</td></tr>
<tr><td>修饰洗浴</td><td colspan="4">A. 漱口□　B. 刷牙□<br>C. 洗脸□　D. 洗手□<br>E. 义齿清洁□　F. 口腔护理□<br>G. 梳头□　H. 洗脚□<br>I. 清洗会阴部□　J. 剃须□<br>K. 修剪指/趾甲□　L. 洗头□<br>M. 理发□　N. 洗浴□</td><td>提供＿＿项服务</td></tr>
<tr><td>穿/脱衣</td><td colspan="4">A. 部分帮助穿脱□　B. 完全帮助穿脱□<br>C. 部分帮助更换□　D. 完全帮助更换□</td><td>提供＿＿项服务</td></tr>
<tr><td>如厕排泄</td><td colspan="4">A. 提醒如厕□　B. 协助如厕□<br>C. 协助使用便器□　D. 更换尿布□<br>E. 清洁皮肤□</td><td>提供＿＿项服务</td></tr>
<tr><td>移动</td><td colspan="4">A. 协助站立□　B. 协助行走□<br>C. 协助上下楼□　D. 协助使用助步器□<br>E. 协助使用轮椅□</td><td>提供＿＿项服务</td></tr>
<tr><td>压疮护理</td><td colspan="4">A. 定时翻身□　B. 清洁皮肤□</td><td>提供＿＿项服务</td></tr>
<tr><td>物品整理</td><td colspan="4">A. 部分帮助整理床单位□　B. 完全帮助整理床单位□<br>C. 部分帮助整理衣物□　D. 完全帮助整理衣物□</td><td>提供＿＿项服务</td></tr>
<tr><td>用药</td><td colspan="4">A. 保管药品□　B. 发放药品□　C. 帮助服药□</td><td>提供＿＿项服务</td></tr>
<tr><td>膳食</td><td colspan="4">A. 一日三餐□　B. 特殊饮食□　C. 送餐□</td><td>提供＿＿项服务</td></tr>
<tr><td>洗涤</td><td colspan="4">A. 衣物洗涤□　B. 被褥洗涤□　C. 尿布洗涤□</td><td>提供＿＿项服务</td></tr>
<tr><td>其他</td><td colspan="4">A. 物品清洁、消毒□　B. 预防保健□<br>C. 社交娱乐□</td><td>提供＿＿项服务</td></tr>
<tr><td>约定服务</td><td colspan="4"></td><td></td></tr>
<tr><td colspan="6">机构代表签字：<br>机构盖章　　　　　　　　　　　　老年人/监护人签字：<br>年　月　日　　　　　　　　　　　年　月　日</td></tr>
</table>

使用说明：1. 根据入住老年人的照护等级确定相应服务内容；2. “服务内容”一列中，在确认内容后的“□”内打“√”；3. “合计”一列中，在横线上填写提供服务的项目数。

# 第三章

# 个案照护计划的实施

为落实个案照护计划，养老机构应建立完善的个案管理系统，以便系统而有效地照护老年人，从而促进老年人的身心健康，提升其生活质量。个案照护计划的实施包括服务主体的资质要求、实施的内容、实施过程中老年人发生安全事件的应急处理及回访等内容。

## 第一节　个案照护计划实施的要求

（一）机构内服务实施人员必须熟悉个案照护计划流程。

（二）评估小组组长向所有服务该老年人的人员传达照护计划的内容。

（三）评估小组组长在个案照护计划发生修改、新增、减少服务内容的情况下，应在服务实施人员的个人工作计划的相关部分进行标注并告知。

（四）服务实施人员在接到新制定的照护计划后应仔细阅读个人工作计划中的相关部分并签字，确保服务实施人员了解新计划的实施内容。

## 第二节　个案照护计划实施的原则

（一）新入住老年人须有入住导向计划跟进其适应情况。

（二）应设有个案管理系统，每位老年人均应有个人照护计划，并定期总结。

（三）老年人评估及个案照护计划实施需由专业人员负责，如医师、护士、社会工作者、康复治疗师、生活区主管等。

（四）负责人员需熟悉计划内容，并对计划的实施具有足够的理论知识及实践经验。

（五）实施计划时必须保障老年人的权益、安全、尊严、隐私和自主权。

（六）每年需为在院老年人做定期总结及再评估，情况有较大改变时，随时进行更新及修订照护计划。

（七）照护计划的实施必须有老年人及（或）老年人家属的参与。

## 第三节　个案照护计划实施人员的资质要求

（一）医师：医学相关专业专科及以上学历，具有医师执业证书。

（二）护士：护理相关专业中专及以上学历，1 年以上工作经验，具有护士执业证书。

（三）护理员：5 年以上大型养老机构或医院康复机构工作经验，具有养老护理相关证书。

（四）心理咨询师：心理学本科及以上学历，2 年以上老年人心理工作经验，或具有心理咨询相关证书。

（五）康复治疗师：中医学、中医针灸、中医推拿、中医养生及其他中医相关专业学习背景，具有康复治疗师资格证书。

（六）营养师：对老年人的疾病与营养健康知识有一定的了解，从事过老年营养健康方面的工作，具有营养师资格证书。

（七）社会工作者：专科及以上学历，具有初级或中级社工师证书。

## 第四节　个案照护计划实施的内容

### 一、提供个案照护服务

个案照护计划制定后，各业务部门开始按照个案照护计划为老年人实施服务，服务实施后，服务人员应相对固定。

## 二、填写服务记录

记录服务人员每次提供服务的内容、时间、服务人员的服务态度，从而保障他们为老年人提供高质量的服务。每次为老年人提供服务后，服务人员应如实填写服务记录，并由老年人或其监护人确认服务内容、服务时间等相关信息，及时录入信息系统。

（一）护理服务记录

护理员为老年人提供日常生活护理服务，包括饮食起居、排泄照料、睡眠监管、卫生清洁等，这些是养老机构为入住老年人提供的核心服务内容。每次服务结束后，服务人员均应及时填写《护理服务确认报告》（见表3－1），并由老年人或其监护人签字确认。

**表3－1　护理服务确认报告**

编号：

| 姓　名 | | 性　别 | | 年　龄 | |
|---|---|---|---|---|---|
| 生活区域 | | 房　号 | | 床　号 | |
| 护理等级 | | 记录人 | | 记录日期 | |
| 服务内容 | 基本生活照料 | 环境卫生 | 整理、更换床单元 | | |
| | | 日常生活护理 | 头面部清洁、梳理 | | |
| | | | 洗发 | | |
| | | | 手、足部清洁 | | |
| | | | 指/趾甲护理 | | |
| | | | 温水擦浴 | | |
| | | | 沐浴 | | |
| | | | 口腔清洁 | | |
| | | | 协助更衣 | | |
| | | | 会阴护理 | | |

**续　表**

| | | | | |
|---|---|---|---|---|
| 服务内容 | 基本生活照料 | 日常生活护理 | 晨间护理 | |
| | | | 晚间护理 | |
| | | | 药物管理 | |
| | | | 生理自理能力训练 | |
| | | 饮食照料 | 协助进食/水 | |
| | | 排泄护理 | 协助排泄 | |
| | | | 失禁护理 | |
| | | | 床上使用便器 | |
| | | | 人工取便术 | |
| | | | 协助翻身叩背排痰 | |
| | | | 留置尿管的护理 | |
| | | | 人工肛门袋护理 | |
| | | 压疮预防与护理 | 压疮预防护理 | |
| | | | 皮肤外用药涂擦 | |
| | | 移动安全保护 | 协助床上移动 | |
| | | | 借助器具移动 | |
| | | | 安全护理 | |
| 服务时间 | | | 按计划 | |
| | | | 未按计划,实际服务时间____ | |
| 服务态度 | | | 很好 | |
| | | | 好 | |
| | | | 中 | |
| | | | 一般 | |
| | | | 差 | |

**续　表**

| | | |
|---|---|---|
| 服务质量 | 很好 | |
| | 好 | |
| | 中 | |
| | 一般 | |
| | 差 | |

护理员签字：　　　　　　　　　　确认人签字：
时间：　　　年　月　日　　　时间：　　　年　月　日

（二）医疗服务记录

1. 医师负责入住老年人的健康监护及日常医疗保健，每日按时完成查房和巡视任务，并填写相关记录，如《老年人血糖监测表》（见附件 1）、《老年人血压监测表》（见附件 2）、《老年人体温监测表》（见附件 3），对患病老年人，还需监视病情变化，填写《病程记录表》（见附件 4）。

2. 护士主要负责责任区域的巡视工作，协助医师做好患病老年人的治疗工作，完成常见的临床护理服务。护士在服务期间需填写《输液记录单》（见附件 5）、《物品消毒情况记录表》（见附件 6）、《老年人家属送药登记表》（见附件 7）、《卧位安置及皮肤观察记录表（预防压疮用）》（见附件 8）等服务记录表格。

3. 定期组织老年人体检

老年人在院期间，医务人员还需定期组织老年人参加体检，以深入了解老年人的身体健康状况，采取相应措施，及时发现老年人健康状况的变化。每年至少体检 1 次，体检报告需放入老年人的健康档案中，医务人员还需及时汇总老年人的体检情况（见附件 9）。

**附件 1**

## 老年人血糖监测表

编号：____________ 入住区域：____________

| 日期 | 姓名 | 性别 | 年龄 | 空腹/餐后 | 血糖值（mmol/L） | 签名 | 备注 |
|---|---|---|---|---|---|---|---|
| | | | | | | | |
| | | | | | | | |
| | | | | | | | |
| | | | | | | | |
| | | | | | | | |
| | | | | | | | |
| | | | | | | | |
| | | | | | | | |
| | | | | | | | |
| | | | | | | | |
| | | | | | | | |
| | | | | | | | |
| | | | | | | | |
| | | | | | | | |
| | | | | | | | |
| | | | | | | | |
| | | | | | | | |
| | | | | | | | |
| | | | | | | | |

## 附件 2

### 老年人血压监测表

编号：＿＿＿＿＿＿　入住区域：＿＿＿＿＿＿

| 日期 | 姓名 | 性别 | 年龄 | 血压（mmHg） | 伴随症状 | 签名 | 备注 |
|---|---|---|---|---|---|---|---|
| | | | | | | | |
| | | | | | | | |
| | | | | | | | |
| | | | | | | | |
| | | | | | | | |
| | | | | | | | |
| | | | | | | | |
| | | | | | | | |
| | | | | | | | |
| | | | | | | | |
| | | | | | | | |
| | | | | | | | |
| | | | | | | | |
| | | | | | | | |
| | | | | | | | |
| | | | | | | | |
| | | | | | | | |
| | | | | | | | |
| | | | | | | | |

## 附件 3

**老年人体温监测表**

编号：____________入住区域：____________

| 日期 | 姓名 | 性别 | 年龄 | 体　温 | | | | 签名 | 备注 |
|---|---|---|---|---|---|---|---|---|---|
| | | | | 6 AM | 10 AM | 2 PM | 8 PM | | |
| | | | | | | | | | |
| | | | | | | | | | |
| | | | | | | | | | |
| | | | | | | | | | |
| | | | | | | | | | |
| | | | | | | | | | |
| | | | | | | | | | |
| | | | | | | | | | |
| | | | | | | | | | |
| | | | | | | | | | |
| | | | | | | | | | |
| | | | | | | | | | |
| | | | | | | | | | |
| | | | | | | | | | |
| | | | | | | | | | |
| | | | | | | | | | |
| | | | | | | | | | |
| | | | | | | | | | |
| | | | | | | | | | |

**附件 4**

**病程记录表**

编号：__________ 入住区域：__________

| | | | | | |
|---|---|---|---|---|---|
| 老年人姓名 | | 性别 | | 年龄 | |
| 生活区域 | | 房号 | | 床号 | |
| 护理等级 | | | 记录日期 | | |

医师签字：

日　　期：

注：每日日程记录后，填写医师需签名。

## 附件 5

### 输液记录单

编号：____________ 入住区域：____________

| 日期 | 房号 | 姓名 | 药液名称 | 滴速 | 局部情况 | 时间 | 护士签名 |
|---|---|---|---|---|---|---|---|
| | | | | | | | |
| | | | | | | | |
| | | | | | | | |
| | | | | | | | |
| | | | | | | | |
| | | | | | | | |
| | | | | | | | |
| | | | | | | | |
| | | | | | | | |
| | | | | | | | |
| | | | | | | | |
| | | | | | | | |
| | | | | | | | |
| | | | | | | | |
| | | | | | | | |
| | | | | | | | |
| | | | | | | | |
| | | | | | | | |
| | | | | | | | |
| | | | | | | | |

## 附件 6

**物品消毒情况记录表**

| 日期 | 消毒物品分类 | | | | | | | 其他 | 消毒者签名 | 备注 |
|---|---|---|---|---|---|---|---|---|---|---|
| | 体温表 | 体温表容器 | 听诊器 | 血压计 | | 吸引器 | 引流瓶 | | | |
| | | | | 外壳 | 袖带 | | | | | |
| | | | | | | | | | | |
| | | | | | | | | | | |
| | | | | | | | | | | |
| | | | | | | | | | | |
| | | | | | | | | | | |
| | | | | | | | | | | |
| | | | | | | | | | | |
| | | | | | | | | | | |
| | | | | | | | | | | |
| | | | | | | | | | | |
| | | | | | | | | | | |
| | | | | | | | | | | |
| | | | | | | | | | | |
| | | | | | | | | | | |
| | | | | | | | | | | |
| | | | | | | | | | | |

注：1. 体温表 1∶2 000(PPM 液) 浸泡第一道 5 分钟，冲洗后离心，浸泡第二道 30 分钟，冲洗、待干、备用，消毒液每天更换。

2. 血压计外壳用 75%酒精揩擦，袖带 1∶250(PPM 液)浸泡 30 分钟。

3. 吸引器、引流瓶、体温表容器 1∶2 000(PPM 液)浸泡 30 分钟。

## 附件 7

### 老年人家属送药登记表

| 日　期 | 姓　名 | 药物名称 | 药物用法 | 接待护士签名 | 家属签名 |
|---|---|---|---|---|---|
| | | | | | |
| | | | | | |
| | | | | | |
| | | | | | |
| | | | | | |
| | | | | | |
| | | | | | |
| | | | | | |
| | | | | | |
| | | | | | |
| | | | | | |
| | | | | | |
| | | | | | |
| | | | | | |
| | | | | | |
| | | | | | |
| | | | | | |
| | | | | | |
| | | | | | |
| | | | | | |

## 附件 8

### 卧位安置及皮肤观察记录表(预防压疮用)

编号：____________入住区域：____________

| 日期 | 姓名 | 时间 | 卧位 | 皮肤 | | | | 处理 | 护士签名 |
|---|---|---|---|---|---|---|---|---|---|
| | | | | 红 | 肿 | 水泡 | 破溃 | | |
| | | | | | | | | | |
| | | | | | | | | | |
| | | | | | | | | | |
| | | | | | | | | | |
| | | | | | | | | | |
| | | | | | | | | | |
| | | | | | | | | | |
| | | | | | | | | | |
| | | | | | | | | | |
| | | | | | | | | | |
| | | | | | | | | | |
| | | | | | | | | | |
| | | | | | | | | | |
| | | | | | | | | | |
| | | | | | | | | | |
| | | | | | | | | | |
| | | | | | | | | | |
| | | | | | | | | | |

**附件 9**

## ________年度老年人年度体检情况汇总表

机构名称：____________ 日期：____________

| 床号 | 姓名 | 医疗方式 | | 血常规 | 肝功能 | 肾功能 | 血脂 | 血糖 | 胸片 | B超 | 备注 |
|---|---|---|---|---|---|---|---|---|---|---|---|
| | | 医保 | 自费 | | | | | | | | |
| | | | | | | | | | | | |
| | | | | | | | | | | | |
| | | | | | | | | | | | |
| | | | | | | | | | | | |
| | | | | | | | | | | | |
| | | | | | | | | | | | |
| | | | | | | | | | | | |
| | | | | | | | | | | | |
| | | | | | | | | | | | |
| | | | | | | | | | | | |
| | | | | | | | | | | | |
| | | | | | | | | | | | |
| | | | | | | | | | | | |
| | | | | | | | | | | | |
| | | | | | | | | | | | |
| | | | | | | | | | | | |
| | | | | | | | | | | | |
| | | | | | | | | | | | |

注：具体体检项目以各养老机构为准，以上项目仅供参考。

（三）膳食营养服务记录

营养师负责老年人的膳食营养搭配。对有特殊需求的老年人，如患病的老年人，要配合其他部门为老年人制订合理的膳食营养计划，保证适宜的营养供应。每次服务时，营养师应填写《膳食营养单》（见表3－2）。

**表3－2　膳食营养单**

编号：

| 老年人姓名 | | 性别 | | 年龄 | |
| --- | --- | --- | --- | --- | --- |
| 生活区域 | | 房号 | | 日期 | |
| 护理等级 | | | | | |
| 疾病 | | | | | |
| 特殊饮食原因 | | | | | |
| 特殊饮食时间段 | | | | | |
| 特殊饮食需求 | | | | | |
| 备注 | | | | | |

营养师签字：　　　　　　　　　　日期：　　　年　　月　　日
餐饮负责人签字：　　　　　　　　日期：　　　年　　月　　日

（四）康复服务记录

康复治疗师依据老年人的身体健康状况，为老年人制订个性化的康复训练计划，帮助老年人进行康复训练。训练结束后，康复治疗师要填写《康复活动记录表》（见表3－3），及时记录老年人每次康复训练时和训练后的表现。

**表3－3　康复活动记录表**

| | | | |
|---|---|---|---|
| 活动时间 | | 活动地点 | |
| 负责人 | | 记录员 | |
| 参与人员 | | | |
| 活动目标 | | | |
| 活动内容 | | | |
| 活动小结 | | | |
| 备注 | | | |

康复治疗师签字：　　　　　　　　日期：　　　　年　　月　　日

（五）心理健康服务记录

老年人容易出现孤独、抑郁等心理/精神问题，心理咨询师应及时关注老年人的心理健康，服务结束后，心理咨询师要填写《心理咨询记录表》（见表3－4），记录老年人的心理健康变化。

**表3－4　心理咨询记录表**

| 时　间 | | 地　点 | |
| --- | --- | --- | --- |
| 求助者 | | 咨询师 | |
| 主要问题 | | | |
| 咨询记录 | | | |
| 咨询效果 | | | |
| 备注 | | | |

心理咨询师签字：　　　　　　　　　　日期：　　　　年　　月　　日

（六）社会工作服务记录

为丰富老年人的精神文化生活，维持和增加老年人的社会支持，社会工作者应定期组织老年人参加适合其需求的社会工作活动，并填写《社会工作服务记录表》（见表 3－5）。

**表 3－5　社会工作服务记录表**

<table>
<tr><td>活动时间</td><td colspan="3"></td><td colspan="2">活动地点</td></tr>
<tr><td>组织人</td><td></td><td>主持人</td><td></td><td>记录员</td><td></td></tr>
<tr><td>参与人员</td><td colspan="5"></td></tr>
<tr><td>缺席人员</td><td colspan="5"></td></tr>
<tr><td>活动目标</td><td colspan="5"></td></tr>
<tr><td>活动内容</td><td colspan="5"></td></tr>
<tr><td>活动小结</td><td colspan="5"></td></tr>
<tr><td>督导意见</td><td colspan="5">签字：　　　　日期：</td></tr>
<tr><td>备注</td><td colspan="5"></td></tr>
</table>

社会工作者签字：　　　　　　　　　　　日期：　　　　年　　月　　日

# 第五节　实施过程中老年人发生安全事故的应急处理

## 一、老年人发生气道异物梗阻(噎食)的应急处理

牙齿缺损、咀嚼不全、吞咽功能下降、脑血管后遗症咽反射下降、义齿脱落、进食时说话等都是老年人易发生气道异物梗阻的原因。在养老机构中，通常将其称为噎食。

发现老年人出现噎食等情况时，需立即鼓励老年人咳嗽，叩击老年人背部的肩胛骨之间，助其尽可能咳出异物，若未咳出，可使用“海姆立克腹部冲击法”助其排出异物；如抢救过程中老年人昏迷倒地，心跳、呼吸停止，须立即进行心肺复苏。同时，其他工作人员立即拨打“120”急救电话并通知医护小组(医师、护理主管、护理组长)，并向行政总值班人员汇报，医护小组共同帮助老年人及时清理其口腔内的吸入物、呕吐物等。之后通知老年人家属，做好沟通工作。

老年人从医院转回院后，医护小组须结合医嘱制订正确照护老年人的方案(如给老年人准备营养汤)，直至老年人身体状况稳定；并根据老年人的实际吞咽情况，给予其相应的饮食照护。

主管部门须组织有关人员对整个事件进行调查、分析、总结、记录，以吸取教训，避免类似事件再次发生。

具体流程见图 3－1。

## 二、老年人发生跌倒事件的应急处理

跌倒是指突发的、不自主的、非故意的体位改变，倒在地上或者更低

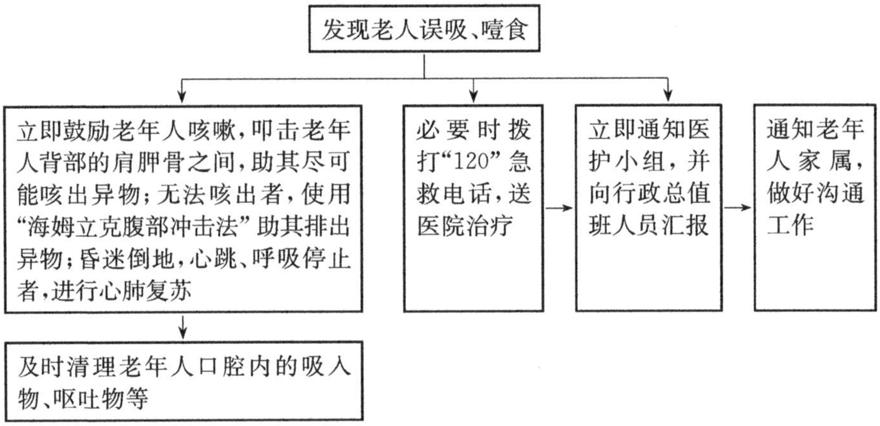


**图 3-1　老年人意外误吸、噎食的应急处理流程图**

的平面上。[1] 跌倒的危险因素可分为内在因素和外在因素两类。内在因素包括高龄、肌力下降、平衡功能障碍、感觉减退、多种慢性病、多种药物联合应用及其不良反应等。外在因素包括地面湿滑、照明不足、地面异物或不平整、椅子过低、鞋子大小不合适等。

当发现老年人跌倒且已制动时，其他人不要急于扶起老年人，应及时通知医护人员，并向行政总值班人员汇报。医护小组评估老年人的生命体征，意识，是否有外伤、出血、骨折及其他意外情况。若出现意识不清、疑似骨折、脑血管意外等情况，需及时拨打“120”急救电话，送医院救治。搬运老年人时，需根据老年人的跌倒部位及严重程度选择合适的搬运方式。当老年人发生跌倒，但损伤轻微未造成骨折等严重情况时，可进行院内治疗和护理，并将老年人送往床上休息，安抚老年人的情绪。

之后，及时通知老年人的家属，告知他们老年人的详细情况，做好沟通、安抚工作。对于送往医院救治的老年人，待其从医院转回院后，工作人员应按照医嘱照护老年人，直至老年人身体情况稳定。

主管部门组织有关人员对整个事件进行调查、分析、总结、记录，以吸

① 宋岳涛：《老年综合评估（第二版）》，中国协和医科大学出版社 2019 年版，第 7 页。

取教训，避免类似事件再次发生。

具体流程见图 3－2。

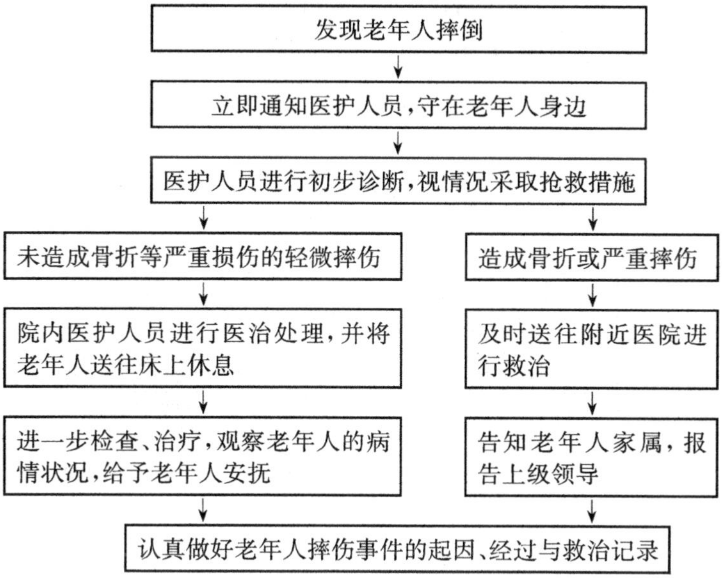


**图 3－2　老年人发生跌倒事件的应急处理流程图**

## 三、老年人发生坠床事件的应急处理

坠床是涉及老年人自床面的跌落，是跌倒的一种类型。

当老年人坠床情况发生并已制动时，其他人不要急于扶起老年人，应立即通知医护小组，并向行政总值班人员汇报。医护小组评估老年人的情况（同跌倒），视伤情给予相应处理。老年人伤情较轻的，医护小组共同检查老年人的受伤情况，采取适当的措施；老年人伤情危重的，工作人员要配合医师就地进行适当抢救，并立刻拨打“120”急救电话，派人陪同老年人到医院治疗。

之后，及时通知老年人的家属，告知他们老年人的详细情况，做好沟通、安抚工作。对于送往医院救治的老年人，待其从医院转回院后，工作人员应按照医嘱照护老年人(如给老年人准备营养汤),根据老年人的情况给予相应的护理,直至老年人身体状况稳定。

主管部门组织有关人员对整个事件进行调查、分析、总结、记录,以吸取教训,避免类似事件再次发生。

具体流程见图 3-3。

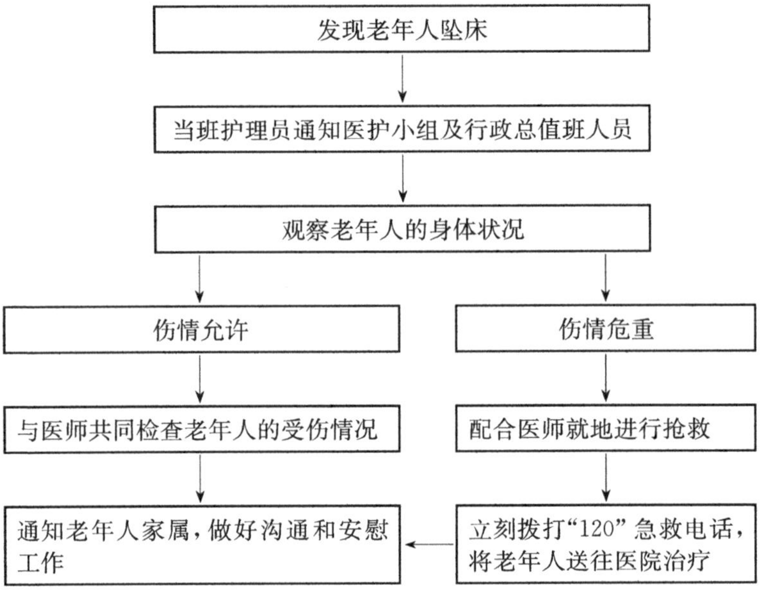


**图 3-3 老年人意外坠床事件应急处理流程图**

## 四、老年人发生压疮事件的应急处理

压疮使皮肤和/或皮下组织产生局部损伤,通常发生在骨突出处,是压力的损伤结果,或者是压力和剪切力和/或摩擦力共同作用的结果,好发于骨隆突处。[①] 压疮分为四期。

Ⅰ期:瘀血红润期。此期应坚持每 2 个小时帮助老年人翻身一次,

① 邓宝凤:《老年常见病照护》,中央广播电视大学出版社 2016 年版,第 20 页。

避免摩擦、潮湿和排泄物的刺激，改善局部血液循环，加强营养摄入，提高机体抵抗力。

Ⅱ期：炎症浸润期。此期应保护皮肤，避免感染。除继续采取上述措施外，有水疱时，未破的小水疱要减少摩擦，防止破裂感染，促进其自行吸收；大水疱出现时，应用无菌注射器抽出内部液体，不必剪去表皮，然后进行局部消毒，并用无菌纱布包扎。用红外线灯照射，可促进局部血液循环，减少创面渗出，有利于组织的再生和修复。

Ⅲ期：浅度溃疡期。此期应尽量保持局部清洁、干燥，以鹅颈灯距创面 25 厘米处照射创面，每日 1～2 次，每次 10～15 分钟。照射后进行无菌换药。

Ⅳ期：坏死溃疡期。此期应清洁疮面，去除坏死组织，保持引流通畅，促进愈合。可采用清热解毒、活血化瘀、去腐生肌收敛的中草药治疗。

发现老年人出现压疮时，应立即通知医护小组，并向行政总值班人员汇报。及时通知老年人家属，将老年人的详细情况告知他们，做好沟通、安抚工作。

主管部门组织有关人员对整个事件进行调查、分析、总结、记录，以吸取教训，避免类似事件再次发生。

具体流程见图 3-4。

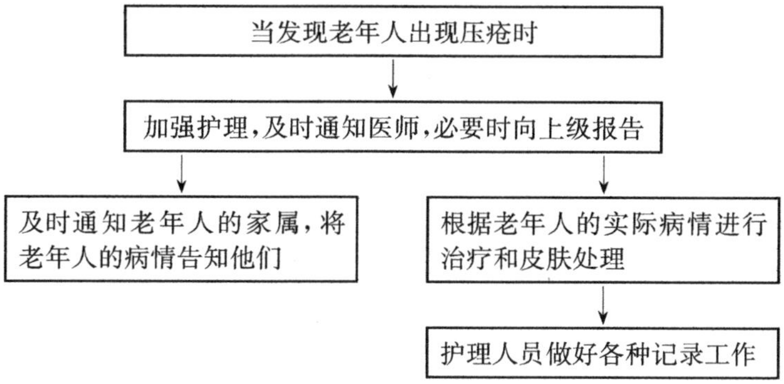


**图 3-4　老年人发生压疮时的应急处理流程图**

## 五、老年人发生药物过敏反应的应急处理

药物过敏反应的发生与药物的种类、用药的剂量、老年人自身的体质等因素有关。药物过敏反应可表现为发热、皮疹、水肿、瘙痒，严重时可出现造血系统抑制、肝肾功能损害、休克等。

当发现老年人出现药物过敏反应时，应立即通知医护小组，并向行政总值班人员汇报。对于出现轻微过敏症状的老年人，护士应立即停止用药，医师应及时对其进行抗过敏治疗。对于出现程度较重的过敏症状的老年人，应及时就地或送往附近医院进行抢救，给予抗过敏药物或激素类药物的治疗，并住院观察老年人的病情变化和生命体征。

之后，及时通知老年人的家属，告知他们老年人的详细情况，做好沟通、安抚工作。

主管部门组织有关人员对整个事件进行调查、分析、总结、记录，以吸取教训，避免类似事件再次发生。

具体流程见图 3－5。

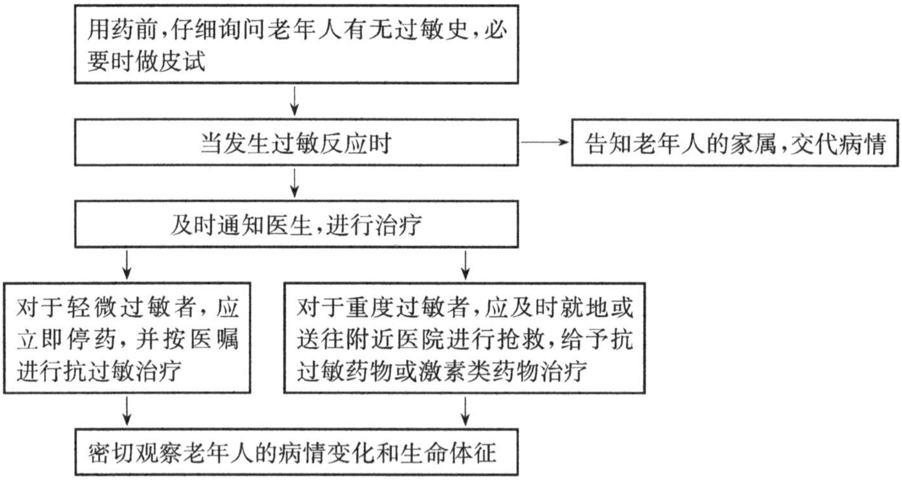


**图 3－5　老年人出现药物过敏反应的应急处理流程图**

## 六、老年人发生用药错误事件的应急处理

用药错误是指药品在使用及管理全过程中出现的可防范的用药疏失，这些疏失会导致患者发生潜在的或直接的损害。

发现老年人发生用药错误时，应立即通知医护小组，并向行政总值班人员汇报。医护小组观察老年人的病情变化，监测其生命体征，严格遵守医嘱进行补救。对于因用药错误导致病情严重的，应及时送往医院抢救。

之后，及时通知老年人的家属，告知他们老年人的详细情况，做好沟通、安抚工作。

有关人员应如实填写差错事故单，做医务事故报告。主管部门组织有关人员对用药错误事件进行调查，查明事故原因，并做好工作总结，吸取教训，避免类似事情再次发生。

具体流程见图 3－6。

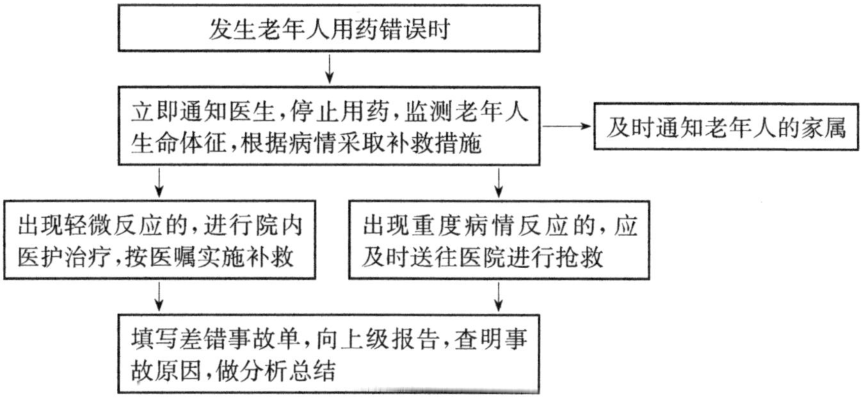


**图 3－6　老年人发生用药错误事件时的应急处理流程图**

## 七、老年人发生意外烧烫伤事件的应急处理

烧伤是指由于热力（火焰、热水、蒸汽及高温金属）、电流、放射线以及

某些化学物质作用于人体所引起的局部或全身损害，其中以热力烧伤最为常见。养老机构中的老年人多由于不当使用热水、热水袋等引起烫伤。

老年人发生烫伤时，护理员应立即帮助老年人脱离热源，持续用冷水（15～25℃自来水）冲洗伤口，剪开并取下伤处衣物，不要在伤口上涂抹任何物质，保持伤口清洁干燥。同时立即通知医护小组，并向行政总值班人员汇报。根据老年人的受伤情况拨打“120”急救电话，派人送老年人到医院进行治疗。

及时通知老年人的家属，将老年人的详细情况告知他们，做好沟通、安抚工作。

老年人从医院转回院后，工作人员应按医嘱照护老年人，直至老年人身体状况稳定。

主管部门组织有关人员对整个事件进行调查、分析、总结、记录，以吸取教训，避免类似事件再次发生。

具体流程见图 3－7。

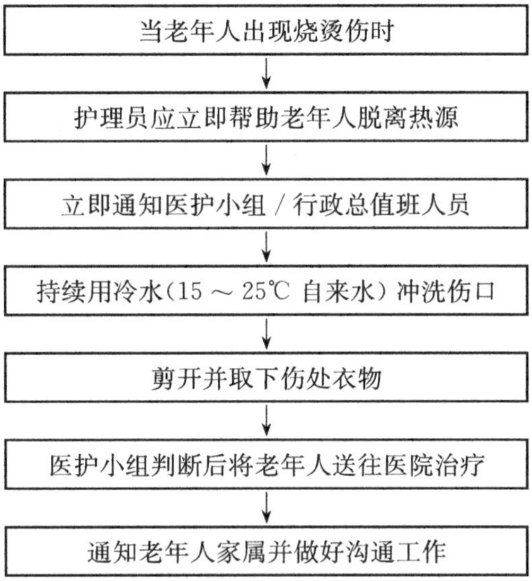


**图 3－7　老年人意外烧烫伤的应急处理流程图**

# 第四章

# 个案照护计划的评价与调整

个案照护计划的落实、服务效果的实现是制定照护计划的意义所在，因此，为了保证个案照护计划制定合理、执行有据，个案管理师需要加强对整个照护计划的质量监督与检查，同时协同需求评估小组内各专业人员共同对服务质量进行把关。服务的评价是鉴定服务计划质量好坏的一把量尺，能够准确衡量计划是否有效，并根据服务的评价结果及老年人实际情况的变化及时做出调整。

# 第一节　个案照护计划的评价

对个案照护计划进行评价工作时，需要对整个服务过程进行质量监督，以确保照护计划的正常执行，保证服务的整体效果，并结合监督的结果及老年人的实际情况做出评价。

## 一、服务的质量监督

（一）服务质量监督要求

1. 机构内应定期检查服务质量，发现问题及时纠正。

2. 服务质量检查结果应反馈至评估小组组长处。

3. 评估小组组长应根据检查结果决定是否重新评价，是否修改个案照护计划。

4. 定期汇总和分析，采取必要的措施，以防止类似问题再次发生。

（二）照护服务的内部监督

1. 监督的内容

（1）护理质量监督：护理质量监督要依据护理规范、流程、服务质量考核与评价标准进行检查评价。

① 服务场所清洁卫生：按照“5S”质量管理要求检查老年人居室、楼层地面、门窗、墙壁、家具、电视、卫生间等处是否清洁卫生，应特别注意检查地面是否积水湿滑，房间有无异味，居室、楼层是否整洁，有无乱堆乱放现象。

② 老年人生活护理：老年人生活护理的内容应重点监测晨晚间护理、衣着护理、饮食护理、排泄护理、翻身护理、服药护理、洗浴护理、睡眠护理和行走护理等是否符合质量标准。

③ 老年人心理护理：是否进行心理护理，是否有心理护理的记录，心理护理的效果如何。

④ 老年人康复护理：是否按照康复护理要求对长期卧床、中风偏瘫老年人摆放良姿体位，进行主动、被动运动和压疮护理；是否组织老年人进行团体康复训练等。

⑤ 老年人临床护理：护理操作是否规范、准确等。

⑥ 老年人安全护理：防火、防盗、防烫伤、防跌倒、防坠床、防走失措施是否落实，是否存在安全隐患。

⑦ 护理交接班及护理记录：是否执行了床旁交班制度，护理记录的书写与保管是否规范。

(2) 医疗服务质量监督：医疗服务质量监督要依据(根据医疗机构管理办法、临床诊疗规范制定的)服务与考核标准进行检查评价。

① 行医资质：养老机构的行医执照是否进行了年审，医务人员是否具有执业资格以及是否注册。

② 诊疗操作：医师的病历、医嘱、处方书写和临床诊疗操作是否规范，护士用药是否执行了严格的“三查七对”，穿刺、注射等护理操作是否规范等。

③ 诊疗效果：疾病诊断的准确率、误诊或漏诊率如何；治疗的有效率、治愈率、差错率与事故率如何等。

(3) 膳食服务质量监督：膳食服务质量监督要依据(根据食品卫生管理办法制定的)服务与考核评价标准进行检查评价。

① 员工的健康与职业资格：员工是否有健康证，厨师等岗位的员工是否具有职业资格证书等。

② 员工着装与个人卫生：是否按要求统一着装、挂牌上岗，服装是否整洁，是否存在不良的卫生行为等。

③ 食堂、餐厅与周边清洁卫生：是否做到了卫生清洁，是否做到了无

苍蝇、蟑螂、鼠害，餐厅地面是否湿滑等。

④ 食品采购、加工、制作与储存：是否采购了腐烂变质、霉变原料或过期食品，是否有采购验收记录，食物原料清洗是否彻底，加工是否卫生，保管是否规范，食物是否按规定留样等。

⑤ 食堂账目：食堂账目是否清晰，支出是否合理，收支是否平衡，是否定期向老年人公布账目。

⑥ 服务效果：老年人对伙食和食堂工作是否满意等。

2. 监督的办法

(1) 部门的自查、自纠：各部门要把服务质量检查作为常规性工作，通过自查、自纠，使服务质量不断改进，稳步提高。

(2) 院领导和职能部门的监督：院长和职能部门的负责人应深入基层进行定期和不定期检查监督，定期向入住老年人及其亲属发放服务质量满意度调查表或服务满意度评价表(见附件 1)，及时发现存在的服务质量问题，及时进行督促整改。

(3) 老年人及亲属的监督：养老机构要设立意见箱、投诉箱，公开投诉电话，自觉接受老年人及其亲属的监督。要高度重视老年人提出的建议和投诉，并及时向老年人及其亲属进行反馈。

(4) 加强部门和员工考核：通过月度、季度和年度服务质量评价、考核，督促部门和员工重视服务质量的提高。评价考核(见附件 2)的结果可与部门的奖金挂钩，与员工的工资分配、评优、聘用等挂钩。

3. 服务质量评价与改进

(1) 应定期开展服务满意度测评工作，及时了解老年人及其监护人对机构服务的满意程度。

(2) 每年至少开展一次由第三方机构进行的服务质量评价。

(3) 通过对服务满意度测评、内外部评价、投诉处理等相关信息的收集和分析，行政管理部门应采取必要的纠正措施和预防措施，提高服务质量。

(4) 应对所采取措施的有效性进行跟踪评价,持续提高服务质量。

## 二、个案照护计划的评价

为保证养老机构个案照护服务的质量,需对整套计划具体实施的服务过程和效果进行评价,从而准确把握服务质量。对于个案照护服务的评价需建立在老年人个案照护计划实施的基础上,可分为形成性评价和总结性评价两种。

### (一) 形成性评价

形成性评价是指在评估结果的有效期内,在服务过程中,当老年人的身体状况和生活自理能力发生明显变化时进行的评价。因为当老年人的身体状况发生明显改变时,原有的服务可能不再适合老年人,需要重新评估老年人的健康状态、护理等级,根据新的评估结果,及时调整老年人的个案照护计划。形成性评价还可帮助养老机构及时发现个案照护中的问题,及时调整,以提高服务质量。

### (二) 总结性评价

总结性评价是指在一个个案照护计划结束之前,对老年人进行的期末评估。评估结果与个案照护计划中的服务目标进行比较,以判断照护服务的有效性。各地对个案照护计划的周期规定有所差别,具体请参考养老机构所在地的相关政策规定。总结性评价还可为新的服务周期的个案照护计划提供参考,核查老年人是否仍适合居住在养老机构。常用的方法有定量分析法、观察法、访谈法等。

#### 1. 定量分析法

定量分析法是判断服务效果的一种有效方式。它是通过对入住评估相关数据资料与期末评估相关数据资料进行前后比较,评价老年人的身体状况有无改善的一种方法。

采用此种评价分析方法的基础是，期末评价与入住评价的评估工具必须是同一套工具，以保证数据资料采集的一致性和可比性。

2. 观察法

观察法是效果评价最直接的一种方法。老年人长期住在养老机构，养老护理员、社工、护士等服务人员是其直接的日常联系对象。从不同工作人员的专业视角持续观察老年人的生活习惯、日常活动、面部表情等，可以对老年人的身体、心理、精神和社会层面的改善状况做出判断。

观察法的优点是老年人处于自然生活情境中，表现出来的是本身的真实状态。

3. 访谈法

访谈法可以为改善个案照护计划，提升个案照护质量，提供直接、有力的依据。通过与老年人或其监护人进行满意度访谈，就老年人的入住体验状况、服务需求满足状况、养老服务存在的问题和建议等方面进行深入交流，探讨服务的可持续性发展。

## 附件 1

### 服务满意度评价表

被评价部门名称：　　　　　　　　　　　　填写人：

| 访问对象 | | 时间 | | 地点 | |
|---|---|---|---|---|---|

负责人及回访参与人员：

| 满意度情况 | □非常满意 | □满意 | □基本满意 | □不满意 |
|---|---|---|---|---|

请根据自己的实际感受，采用一问一答的方式填写，如：
问题 1：护理员态度差
建议 1：换掉护理员，或者扣工资
问题 2：伙食太硬，难以下咽
建议 2：厨师多放点水，或者烹饪时间稍微长一点

| 老年人或其家属签字：<br><br>年　月　日 | 回访人员签字：<br><br>年　月　日 |
|---|---|

## 附件 2

### 访护评价报告

编码：　　　　　　　　　　　　　　　　日期：　　　年　　月　　日

| 养老机构名称 | | | | | | | | | | | |
|---|---|---|---|---|---|---|---|---|---|---|---|
| 访护人员信息 | | 服务人员信息 | | | 评分项目和计分 | | | | | 整改意见 | 访护日期 |
| 姓名 | ID | 职务 | 姓名 | ID | 服务项目（20分） | 服务时间（20分） | 服务态度（30分） | 服务质量（30分） | 总分（100分） | | |
| | | | | | | | | | | | |
| | | | | | | | | | | | |
| | | | | | | | | | | | |
| | | | | | | | | | | | |
| | | | | | | | | | | | |
| | | | | | | | | | | | |
| | | | | | | | | | | | |
| | | | | | | | | | | | |
| | | | | | | | | | | | |
| | | | | | | | | | | | |
| | | | | | | | | | | | |
| | | | | | | | | | | | |
| | | | | | | | | | | | |
| | | | | | | | | | | | |
| | | | | | | | | | | | |
| | | | | | | | | | | | |

注：服务项目按是否按计划进行计分，未完成一项扣 5 分，扣完为止；服务时间按是否按时完成计分，每拖延 5 分钟扣 5 分，扣完为止；服务态度按很好（30 分）、好（25 分）、一般（20 分）、差（15 分）、很差（10 分）五档计分；服务质量按很好（30 分）、好（25 分）、一般（20 分）、差（15 分）、很差（10 分）五档计分。

**附件 3**

## 入住养老机构满意度调查表

| 机构名称 | | | | |
|---|---|---|---|---|
| 满意度情况 | □非常满意 | □满意 | □基本满意 | □不满意 |

问题及建议：

患者或家属签名：　　　　时间：　　年　　月　　日
养老机构评估员签名：　　时间：　　年　　月　　日

## 第二节　个案照护计划的调整

（一）个案管理师应每月核查机构内老年人的个案照护计划的有效期限。

（二）机构内老年人的个案照护计划有效期结束前一个月，应由评估小组组长重新组织评估并根据评估结果修订个案照护计划。

（三）机构内老年人的服务质量评价未达标时，评估小组应及时进行重新评估，修订个案照护计划。

（四）机构内老年人的照护风险发生变化时，评估小组应及时进行重新评估，修订个案照护计划。

（五）机构内老年人的照护计划目标发生改变时，评估小组应及时进行重新评估，修订个案照护计划。

（六）机构内老年人主动提出需要修改个案照护计划时，评估小组应及时与老年人沟通，协商修改个案照护计划。

之后，评估小组及时填写《服务变更记录表》（见附件 1）。

## 附件 1

### 服务变更记录表

<table>
<tr><td>姓名</td><td></td><td>性别</td><td></td><td>出生年月</td><td colspan="3"></td></tr>
<tr><td>入住区域</td><td></td><td>床号</td><td></td><td>照护等级</td><td></td><td>（首次）评估日期</td><td></td></tr>
<tr><td>变更事项</td><td colspan="3">变更后的状况：</td><td colspan="4">变更后签章：</td></tr>
<tr><td rowspan="2">照护内容</td><td colspan="3">第一次变更<br>增加的服务内容：<br><br>减少的服务内容：</td><td colspan="4">甲方代表签章：<br><br>乙/丙方签章：<br><br>年　月　日</td></tr>
<tr><td colspan="3">第二次变更<br>增加的服务内容：<br><br>减少的服务内容：</td><td colspan="4">甲方代表签章：<br><br>乙/丙方签章：<br><br>年　月　日</td></tr>
</table>

# 第五章

# 具体个案照护计划实践操作

本章主要以具体个案为例，分析个案老年人存在的问题及其所需要的服务。个案管理师综合院内各服务主体及老年人需求，科学合理地制定个案照护计划，并监督计划的实施，结合实际情况，适时做出计划调整。本章以整个服务计划的流程来介绍个案照护计划的具体内容。

# 第一节　个案案例介绍

李大爷今年 65 岁，高中文化程度，中共党员，从外地来到上海工作和生活已经二十多年了，育有一子一女，其子女现都已成家。李大爷原来是一家事业单位的职工，五年前退休，老伴两年前患病去世。子女经常忙于工作，无暇照顾李大爷，平时大多数时间都是李大爷一个人生活。李大爷患有冠心病、高血压、脑梗死和肺病，半年前，李大爷突发脑梗被送往医院急诊，虽然被及时抢救过来，但是留下了半身不遂的后遗症，需要长期坐轮椅。近期，李大爷的肺病复发，子女忙于工作不能常在他身边照料，但极为担心李大爷的身体状况，所以子女商量决定将父亲送往养老机构，交由专业护理人员照料。

李大爷自入院初期就经常与其他老年人发生口角，与同住的老年人关系都不好，平时他也不愿与人多说话，每天只是独自静坐，有的时候会一个人偷偷地流泪，食欲也渐渐变得差起来。机构为了李大爷的健康，想尽了一切办法为他做各种各样的美食，很多服务人员甚至从家里带来小吃，想增强李大爷的食欲。但一切的努力都未见成效，眼看着李大爷迅速消瘦，身体状况一天比一天差，院方请来了李大爷的儿子对其父亲进行劝说。李大爷的儿子在听完院方的说明后情绪非常激动，在训斥了父亲后竟然强行给父亲喂饭，被院方阻止。这一事件，让李大爷与儿子的关系更加恶化，李大爷甚至起了绝食的念头。针对李大爷出现的多种问题，为了让其能够很好地适应和享受院内生活，养老机构认为需要为李大爷制定专门的个案照护计划。

李大爷所在的养老机构因配有专业社工，因此，个案管理师的角色就由专业社工担任(其他养老机构可根据自身人员配置的实际情况，由其他专业人员如医师、护士等担任个案管理师的角色)。个案管理师协调院内其他专业服务人员,共同为李大爷制定个案照护计划,提供院内照护服务。

个案管理师(专业社工)在听取了院方对李大爷的情况介绍后,联系了李大爷的儿子并了解相关的信息。据介绍,李大爷原来是一位非常自信、好强的人,而且性格开朗,通情达理。但是退休后,李大爷的性格开始发生变化,特别是在两年前老伴去世后,情绪比较低落,现在因为半身不遂,不能行走,再加上患有其他疾病,需要长期服药,他的情绪就更加低落了。在专业社工的再三追问下,其子女坦言李大爷曾经有过轻生的念头,幸好被人及时发现。从李大爷的生命安全着想,子女经过再三考虑,才想要将李大爷送到养老院,但是李大爷对此却表示不愿意。为此,他们之间还发生过激烈的争吵。介绍完后,李大爷的儿子对那天由于情绪激动而训斥父亲并强行喂饭的行为感到极为后悔,并表示想要给父亲认错。

## 第二节　评　　估

评估是个案管理师组织评估小组针对老年人存在的问题及其需求进行初步的了解和把握。评估能够明确服务的方向,从而有利于制定符合老年人实际情况的个案照护计划。

### 一、评估的目的

(一)识别李大爷的问题的客观因素。客观因素主要包括李大爷的背景资料、家庭关系、经济状况、疾病史、曾接受的服务等。

(二)识别李大爷的问题的主观因素。通过初步评估,了解李大爷自身的感受、李大爷对自身问题的看法以及造成李大爷产生这些主观感受的原因。

（三）发现李大爷存在的各种需求，并结合院内人员和各种资源为李大爷提供服务，以满足其多种需求。

## 二、评估的方式

通过对李大爷刚入院时的入住评估资料进行查阅、与李大爷面谈、走访李大爷曾生活的社区等方式收集相关材料，并对资料进行整理和分析。李大爷的各种客观事实资料，是对李大爷的问题进行初步评估的重要依据。

（一）查阅李大爷的入住评估资料

查阅李大爷的入住评估资料，是最直接、方便的资料收集方法，能够进一步了解李大爷的基本信息、是否接受过相关的服务、李大爷的社会支持网络等内容。

（二）与李大爷面谈

与李大爷进行面谈，是直观了解李大爷所存在的问题及其需求的最有效、最准确的方法。在面谈中，评估小组可以通过李大爷的言语、说话的语气、说话的神情和动作等语言和非语言表达了解李大爷最真实的想法。

（三）走访李大爷曾生活的社区

通过走访、访问其家人、邻居、朋友、所在居委会等，了解李大爷的社会功能和社会处境，获得更为深入的资料。

## 三、评估的内容

评估小组需要针对李大爷存在的问题（包括主观因素造成的问题和客观事实造成的问题）、李大爷的需求进行评估，进而确定李大爷所需要的服务。

（一）评估李大爷存在的问题

根据对李大爷的基本情况的了解，评估小组对其问题的初步评估包括以下几个方面。

1. 身体健康问题

李大爷目前的身体健康状况不太令人乐观，他患有冠心病、高血压、肺病和脑梗等慢性病，需要长期服用药物。同时李大爷行动不便，生活不能完全自理，需要有专门的护理人员照料。

2. 人际关系紧张问题

主要表现为与子女的关系恶化、与院内其他老年人存在矛盾，李大爷不愿主动与他人沟通交流，出现孤独、焦虑、悲观、敌视等不良心态。

3. 环境适应问题

主要表现为李大爷对养老院内的生活和环境适应不良。这主要是因为李大爷入住养老院后失去了自己原来的社会角色，从原本自己主导的社会角色突然变为一个需要被别人照顾的“无用之人”；生活环境也发生了很大变化。以上两点变化让李大爷不能很快适应养老院的照护生活，与其他老年人共同生活也让李大爷较难适应。

4. 认知偏差问题

李大爷对入住养老院存在个人偏见，认为被送入养老院很没面子，自己的子女不够孝顺。同时，李大爷对自己的健康状况持有十分消极的态度，认为自己现在“不中用了”，对自己持否定态度。

5. 心理情绪问题

李大爷对自身的身体状况有不安全感，孤独感和焦虑情绪明显，对现实生活的不满让李大爷失去了自信，意志也比较消沉，同时还令他产生了轻生的念头。

（二）评估李大爷的需求

在了解和分析了李大爷存在的各种问题后，个案管理师对李大爷进行了需求评估，通过满足李大爷的需求，帮助李大爷解决其所面临的问题。李大爷存在的需求体现在以下几个方面。

1. 改善其与子女之间的关系。

2. 需要与李大爷多沟通交流，带动李大爷多参加院内的活动，减少他的孤独感，从而促进他主动与人交往。

3. 需要改善李大爷与养老院内其他老年人的关系，帮助其尽快适应院内的生活。

4. 需要预防和控制疾病，与家属确定好李大爷的复诊与护理时间，康复治疗师为李大爷制定康复训练计划。

5. 需要重树生活信心，让李大爷回忆生命中最有意义的事情，引导李大爷多想一些美好的事情。

（三）李大爷需要的服务

在对李大爷存在的问题及需求进行评估之后，个案管理师就需要了解李大爷目前所需要的服务是什么，所在的养老机构能提供的服务及服务提供主体有哪些。表 5－1 所列的是李大爷需要的服务及院内服务提供主体。

**表 5－1　个案所需服务及服务提供主体**

| 所需服务 | 服务提供主体 |
|---|---|
| 医疗就医服务 | 医师和护士 |
| 生活照料与护理服务 | 护理员 |
| 康复服务 | 康复治疗师 |
| 家庭的关怀 | 李大爷的子女 |
| 心理与情绪辅导 | 心理咨询师 |

续 表

| 所需服务 | 服务提供主体 |
|---|---|
| 良好的生活环境与人际关系 | 院内工作人员和其他入住老年人 |
| 特殊饮食 | 膳食营养师(或厨师长) |
| 协调管理服务 | 专业社会工作者 |

## 第三节　制定个案照护计划

### 一、制定个案照护计划的目的与具体目标

(一) 目的

1. 改善李大爷与其子女之间的关系。

2. 为李大爷建立一个良好的社会支持网络,帮助李大爷更好地适应院内的生活。

3. 帮助李大爷形成合理认知,让李大爷正确看待自己的疾病,正确接受治疗,乐观地面对生活。

4. 为李大爷提供全面的生活照料和护理服务,促进李大爷身体和心理的健康。

(二) 具体目标

个案管理师组织评估小组、李大爷及各服务提供主体进行协商,共同制定个案照护计划的实施目标。

1. 解决李大爷存在的生理疾病问题,帮助李大爷合理科学用药与配合医院治疗。

2. 帮助李大爷尽快适应院内生活,习惯院内的日常照料服务。

3. 帮助李大爷进行日常的肢体康复训练,促使其肌肉和神经功能

恢复。

4. 改善李大爷与其子女之间的关系，增进双方的沟通与交流。

5. 为李大爷提供心理辅导服务，帮助李大爷寻找情绪宣泄的渠道，正确处理李大爷的不良情绪，舒缓其心理压力，从而改变其轻生的念头，帮助其树立乐观、自信的生活态度。

6. 帮助李大爷构建院内良好的人际关系，增强李大爷的社会支持网络。

## 二、资源的链接与整合

在充分评估的基础上，个案管理师根据李大爷的需求，进行资源的链接与整合(见表 5-2)。

**表 5-2　个案需求与资源的链接与整合**

| 需　求 | 资源链接与整合 |
| --- | --- |
| 疾病问题 | 联系李大爷经常就医的医院与责任医师，了解李大爷的病情与身体状况以及用药记录，并协助李大爷定期做病情复查，对李大爷的健康状况做到时时把握 |
| 生活照料问题 | 协助院内护理员为李大爷制定满意的日常生活照料服务计划 |
| 肢体康复 | 联系院内康复治疗师，根据李大爷的身体健康状况，制定肢体康复训练计划，增强李大爷对健康恢复的信心 |
| 子女关系改善 | 联系李大爷的子女，要求其子女定期看望李大爷，多与李大爷谈心交流，让李大爷充分感受到来自家人的温暖与关心 |
| 情绪疏导 | 社工在服务过程中，为李大爷提供宣泄的机会，帮助其进行情绪疏导；同时，社工鼓励护理人员在护理期间与李大爷谈心、开导李大爷；针对李大爷的心理情绪问题的严重程度，如有必要，联系专业的心理咨询师，对李大爷进行心理辅导，缓解李大爷的心理压力，增强李大爷应对危机的能力，帮助其正确认识自身疾病，树立积极乐观的人生态度 |
| 社会支持 | 和与李大爷同住的老年人取得联系，帮助他们消除双方的误解与矛盾，鼓励李大爷与室友及其他老年人多沟通交流，同时取得院方的配合，为李大爷创造一个良好的生活和社交环境 |

## 三、个案照护服务内容

在前期评估的基础上，个案管理师需要组织评估小组与院内多个服务提供主体共同为老年人制定具体的照护服务内容。老年人个案照护服务的内容主要包括生活照料、心理/认知能力照护、健康照护三大方面(见表5-3)。

**表5-3 个案照护服务内容**

| 照护服务项目 | 具体服务内容 |
|---|---|
| 生活照料 | 头面部清洁与梳理、洗发、指/趾甲护理、手/足部清洁、温水擦浴、沐浴、协助更衣、整理床单位、排泄护理、药物管理、安全护理、生活自理能力训练等 |
| 心理/认知能力照护 | 进行心理情绪的疏导，树立对所患疾病的正确认识，帮助其认识生命的意义、建立良好的社会关系、融入院内生活 |
| 健康照护 | 慢性病的控制与预防、定期就医、协助其用药、协助其进行康复训练、根据李大爷所患疾病制定特殊膳食营养餐 |

## 四、撰写个案照护计划

个案照护计划详见附件1、附件2、附件3。

**附件1**

**首次服务项目确认表**

<table>
<tr><td>姓名</td><td>李××</td><td>性别</td><td>男</td><td>出生年月</td><td colspan="2">××××年××月</td></tr>
<tr><td>入住区域</td><td>××××</td><td>床号</td><td>××××</td><td colspan="3">照护等级<u>××××</u><br>评估日期<u>××××年××月××日</u></td></tr>
<tr><td>服务项目</td><td colspan="5">服务内容</td><td>合计</td></tr>
<tr><td>进食</td><td colspan="5">A. 喂食□　　B. 饮水□<br>C. 食物切碎或搅拌□</td><td>提供<u>0</u>项服务</td></tr>
</table>

**续 表**

| | | | |
|---|---|---|---|
| 修饰洗浴 | A. 漱口☑<br>C. 洗脸☑<br>E. 义齿清洁□<br>G. 梳头□<br>I. 清洗会阴部□<br>K. 修剪指/趾甲☑<br>M. 理发☑ | B. 刷牙☑<br>D. 洗手☑<br>F. 口腔护理☑<br>H. 洗脚☑<br>J. 剃须☑<br>L. 洗头☑<br>N. 洗浴☑ | 提供__11__项服务 |
| 穿/脱衣 | A. 部分帮助穿脱☑<br>C. 部分帮助更换☑ | B. 完全帮助穿脱□<br>D. 完全帮助更换□ | 提供__2__项服务 |
| 如厕排泄 | A. 提醒如厕□<br>C. 协助使用便器☑<br>E. 清洁皮肤☑ | B. 协助如厕☑<br>D. 更换尿布□ | 提供__3__项服务 |
| 移动 | A. 协助站立☑<br>C. 协助上下楼☑<br>E. 协助使用轮椅☑ | B. 协助行走☑<br>D. 协助使用助步器☑ | 提供__5__项服务 |
| 压疮护理 | A. 定时翻身☑ | B. 清洁皮肤☑ | 提供__2__项服务 |
| 物品整理 | A. 部分帮助整理床单位□<br>C. 部分帮助整理衣物□ | B. 完全帮助整理床单位☑<br>D. 完全帮助整理衣物☑ | 提供__2__项服务 |
| 用药 | A. 保管药品☑<br>C. 帮助服药☑ | B. 发放药品☑ | 提供__3__项服务 |
| 膳食 | A. 一日三餐☑<br>C. 送餐☑ | B. 特殊饮食☑ | 提供__3__项服务 |
| 洗涤 | A. 衣物洗涤☑<br>C. 尿布洗涤□ | B. 被褥洗涤☑ | 提供__2__项服务 |
| 其他 | A. 物品清洁、消毒☑<br>C. 社交娱乐☑ | B. 预防保健☑ | 提供__3__项服务 |
| 约定服务 | 协助老年人定期去医院就医 | | |

机构代表签字：

机构盖章　　　　　　　　　　　　老年人/监护人签字：

年　月　日　　　　　　　　　　　　年　月　日

使用说明：1. 根据入住老年人的照护等级确定相应服务内容；2. “服务内容”一列中，在确认内容后的“□”内打“√”；3. “合计”一列中，在横线上填写提供服务的项目数。

## 附件 2

### 李大爷个案照护计划表

**一、个案基本信息**

姓名：李××　性别：男　年龄：65　生活区域：××
房号：××××　床号：××××　入住时间：××××　护理等级：××××

**二、个案评估情况**

| 评估模块 | 评估结论 |
|---|---|
| 日常生活能力情况 | 李大爷具有一定的生活自理能力，但是因其患有多种慢性疾病及常年坐轮椅，下肢行动不便，日常生活照料的内容难以自己独立进行，故需要由专门的护理人员辅助进行。<br>签名：×××　日期：××××年××月××日<br>（由评估小组中护理部工作人员负责） |
| 心理/认知能力情况 | 经个案管理师评估得知，李大爷存在心理情绪问题和认知偏差，主要表现为：李大爷对于疾病过于消极悲观、出现厌世的想法、经常独自静坐不愿与他人交流。<br>签名：×××　日期：××××年××月××日<br>（由评估小组中医务部工作人员负责） |
| 健康情况 | 李大爷患有冠心病、高血压、肺病和脑梗等慢性病，需要长期服用药物。因此，为了控制和预防李大爷疾病的复发，个案管理师需要对李大爷进行健康管理，包括协助李大爷接受治疗、进行康复训练、为李大爷制订特殊膳食计划等。<br>签名 ×××　日期：××××年××月××日<br>（由评估小组中医务部工作人员负责） |

**三、个案照护目标**

| 目标模块 | 目标时间段 | 目标内容 |
|---|---|---|
| 日常生活照护目标 | ××××年××月××日—×××年××月××日 | 做好李大爷的日常生活护理服务，帮助李大爷更好地适应院内生活。<br>签名：×××　日期：××××年××月××日<br>（由评估小组中护理部工作人员负责） |

续　表

| | | |
|---|---|---|
| 心理/认知能力照护目标 | ××××年××月××日—×××年××月××日 | 帮助李大爷建立健康的心理状态、树立正确认知。<br><br>签名：×××　日期：××××年××月××日<br>（由评估小组中医务部工作人员负责） |
| 健康情况照护目标 | ××××年××月××日—×××年××月××日 | 协助李大爷接受治疗、进行康复训练，为李大爷制订特殊膳食计划，以实现对李大爷疾病的控制和预防，促进李大爷身体健康恢复。<br><br>签名：×××　日期：××××年××月××日<br>（由评估小组中医务部工作人员负责） |

**四、照护服务计划**

| 计划模块 | 计划内容 | | 服务要求 |
|---|---|---|---|
| 日常生活照护计划 | 进食 | 护理员将李大爷的餐饭带入房间由李大爷自行进食，或者将李大爷推送至餐厅。 | 需护理员陪同。 |
| | 个人卫生 | 头面部清洁与梳理、洗发、指/趾甲护理、手/足部清洁、温水擦浴、沐浴、整理床单位、排泄护理。 | 需每日为李大爷进行卫生清洁。 |
| | 皮肤护理 | 头面部清洁与梳理。 | 需每日为李大爷进行面部护理。 |
| | 穿/脱衣 | 协助老年人换衣服。 | — |
| | 排泄 | 协助老年人如厕。 | 利用坐便器、安全扶手等协助李大爷如厕。 |
| | 移动 | 协助老年人站立、协助老年人行走、协助老年人上下楼。 | 由护士和康复治疗师对李大爷的下肢进行训练，协助李大爷行走，训练腿部肌肉。 |
| | 其他 | — | — |

续　表

| | | | |
|---|---|---|---|
| 心理/认知功能照护计划 | 记忆 | — | — |
| | 视觉 | — | — |
| | 听觉 | — | — |
| | 理解 | 帮助李大爷正确认识老年疾病。 | 定期开办院内老年疾病预防与健康保健知识讲座，增强李大爷对疾病的正确认识，消除疾病给李大爷带来的恐惧和消极情绪。 |
| | 表达 | 鼓励李大爷多与院内其他老年人及工作人员沟通交流；鼓励李大爷向其子女表达内心的真实想法，解开与子女的心结，缓解双方关系。 | 可由院内心理咨询师或者护理员帮助李大爷积极沟通，解决李大爷的心理情绪问题。 |
| | 躯体活动 | 按照医嘱，针对李大爷的身体健康状况和下肢肌肉的恢复情况，制定康复计划，指导李大爷进行下肢训练。 | 由康复师指导进行。 |
| | 其他 | — | — |
| 健康状况照护计划 | 生命体征 | 监测李大爷脉搏、呼吸、体温、血压。 | 定期为李大爷进行生命体征的测量。 |
| | 指标观察 | 定期检查李大爷的尿糖、血糖、体重等。 | 由护士或医师进行检查。 |
| | 委托发药 | 保管药品、发放药品、帮助服药。 | 由护士或护理员负责。 |
| | 中医健康管理服务 | | |

评估小组组长签名：××× 
起始日期：××××年××月××日 
失效日期：××××年××月××日 
家属签名：×××　　日　　期：××××年××月××日

**附件 3**

**健康状况照护计划表**

| 项　目 | 护　理　计　划 | 服务要求 |
|---|---|---|
| 生命体征 | 1. 测量血压，每周 1～2 次<br>2. 测量脉搏/心跳，每周 1～2 次<br>3. 测量体温，每周 __1__ 次(有需要时______不定期测量______)<br>4. 观察呼吸及缺氧情况，每日 __2__ 次(有需要时______每隔一段时间测量______)<br>5. 其他：无。 | 由院内医师或护士进行测量。 |
| 指标观察 | 1. 检测尿糖，每日 __2__ 次，分早晚间。<br>2. 检测血糖，每日 __2__ 次，分早晚间。<br>3. 测量体重，每周 __1__ 次。<br>4. 其他：无。 | 由院内医师或护士进行测量。 |
| 委托发药 | 1. 服药自理<br>2. 监视服药<br>3. 协助服药 | 由护理员监督李大爷服药。 |

个案评估员签名：___×××___完成日期：___××××年××月××日___

# 第四节　个案照护计划的实施

李大爷个案照护计划的实施，涉及日常生活照料服务、医疗服务、康复服务、心理健康服务、营养膳食服务以及社工服务，主要针对李大爷存在的问题和需求开展日常照护服务工作。院内有关服务人员如医师、护士、护理员、康复治疗师、营养师、心理咨询师和社工等，要严格按照服务计划所制定的服务项目和具体服务内容提供服务，但当李大爷的情况发生变化时，或者是原先的个案照护计划无法有效满足李大爷的需求时，应及时做出相应调整。关于李大爷个案照护计划的具体实施环节，在此不做赘述，请参考本书第三章的相应内容。

## 第五节　个案照护计划的评价与调整

### 一、个案照护计划的评价

（一）个案照护计划的形成性评价

在本个案的照护服务中，社工担任着个案管理师的角色，所以需要在整个服务过程中注意跟进李大爷状况的进展。同时，对各服务提供主体所提供的服务进行监督，从而评价服务提供的质量与效果。监督的形式包括但不限于以下几个方面：

1. 定期或不定期地与各服务提供主体对服务工作内容和李大爷的状况进行总结与讨论。

2. 个案管理师向李大爷进行询问，由李大爷陈述自己接受的各项服务的实际情况。

（二）个案照护计划的总结性评价

1. 李大爷目前没有出现疾病复发的情况，其已正常用药。

2. 李大爷目前有专业的护理员提供日常生活照料。

3. 经过一段时间的康复训练，李大爷的肌肉神经有所恢复。

4. 李大爷与子女的关系得到了改善，其子女履行了定期看望李大爷的约定。

5. 经过情绪疏导，李大爷的情绪状态明显乐观了很多，对人、对事不再那么悲观、消极。

6. 李大爷与室友及其他老年人的关系有所缓和，李大爷也逐渐主动与他人交谈起来。

## 二、个案照护计划的调整

根据服务效果评价可知，李大爷的部分问题已得到有效解决，但有些问题依然存在。因此，针对李大爷身心状况的变化，个案照护计划需要及时进行调整，以满足李大爷的需求。

# 参考文献

[1] 杨莘,程云. 老年专科护理[M]. 北京：人民卫生出版社,2019.
[2] 化前珍,胡秀英. 老年护理学[M]. 4 版. 北京：人民卫生出版社,2017.
[3] 王志稳. 老年健康评估[M]. 北京：中央广播电视大学出版社,2017.

# 内 容 提 要

本书以个案工作的手法为切入点，结合不同老年人的服务需求，向其提供专门和定制化的个案服务，以使老年服务更加精准和精细化。老年服务一般包含老年人的日常照料、生活娱乐、社会交往、情绪疏导等。本书可在个案照护计划的制定、实施、评价与调整等方面为养老机构及其工作人员，以及对养老服务感兴趣的人员提供参考。